"十四五"时期
国家重点出版物
出版专项规划项目

王香春
蔡文婷

主编

公园城市建设探索与实践系列丛书

公园城市

建设标准研究

中国城市出版社

新时代公园城市建设探索与实践系列丛书编委会

吴　杰　吴　剑　吴克军　吴锦华　言　华

张清彦　陈　艳　林志斌　欧阳底梅　周建华

赵御龙　饶　毅　袁　琳　袁旸洋　徐　剑

郭建梅　梁健超　董　彬　蒋凌燕　韩　笑

傅　晗　强　健　瞿　志

组织编写单位：中国城市建设研究院有限公司

中国风景园林学会

中国公园协会

本书编委会

主　　编：王香春　蔡文婷

副 主 编：戚智勇

参编人员：王　钰　陈　艳　王瑞琦　毕庆泗　刘艳梅

　　　　　李方正　姜　娜　徐　剑　许士翔　况　冲

　　　　　吴　剑　吴　杰　李庆健　孙艳芝　谭人华

　　　　　何紫云

支持单位（按照书中出现先后排序）：

　　　　　中国城市建设研究院有限公司

　　　　　无锡市市政和园林局

　　　　　中外园林建设有限公司

　　　　　北京林业大学

　　　　　成都大熊猫繁育研究基地

　　　　　武汉市园林和林业局

　　　　　重庆市城市管理局

　　　　　中国建筑设计研究院有限公司

　　　　　广西壮族自治区住房和城乡建设厅

　　　　　柳州市园林和林业局

　　　　　郑州市园林局

　　　　　INSTINCT FABRICATION 本色营造设计事务所

　　　　　咸宁市自然资源和规划局

咸宁市国土空间规划研究院

深圳市北林苑景观及建筑规划设计院有限公司

浙江省风景园林学会

绍兴市公用事业集团有限公司

中国科学院西双版纳热带植物园

上海植物园

张家口市城市管理综合行政执法局

厦门市市政园林局

马鞍山市城市管理局

杭州市轨道交通运行和公用事业保障中心

昆山合纵生态科技有限公司

山西省住房和城乡建设厅

阳泉市郊区住房和城乡建设局

常州市钟楼区住房和城乡建设局

宁波市镇海区政研室（区委改革办）

宁波市镇海区社会治理中心

广州市花都区城市管理和综合执法局

丛书序

2018 年 2 月，习近平总书记视察天府新区时强调"要突出公园城市特点，把生态价值考虑进去"；2020 年 1 月，习近平总书记主持召开中央财经委员会第六次会议，对推动成渝地区双城经济圈建设作出重大战略部署，明确提出"建设践行新发展理念的公园城市"；2022 年 1 月，国务院批复同意成都建设践行新发展理念的公园城市示范区；2022 年 3 月，国家发展和改革委员会、自然资源部、住房和城乡建设部发布《成都建设践行新发展理念的公园城市示范区总体方案》。

"公园城市"实际上是一个广义的城市空间新概念，是缩小了的山水自然与城市、人的有机融合与和谐共生，它包含了多个一级学科的知识和多空间尺度多专业领域的规划建设与治理经验。涉及的学科包括城乡规划、建筑学、园林学、生态学、农业学、经济学、社会学、心理学等等，这些学科的知识交织汇聚在城市公园之内，交汇在城市与公园的互相融合渗透的生命共同体内。"公园城市"的内涵是什么？可概括为人居、低碳、人文。从本质而言，公园城市是城市发展的终极目标，整个城市就是一个大公园。因此，公园城市的内涵也就是园林的内涵。"公园城市"理念是中华民族为世界提供的城市发展中国范式，这其中包含了"师法自然、天人合一"的中国园林哲学思想。对市民群众而言园林是"看得见山，望得见水，记得住乡愁"的一种空间载体，只有这么去理解园林、去理解公园城市，才能规划设计建设好"公园城市"。

有古籍记载说"园莫大于天地"，就是说园林是天地的缩小版；"画莫好于造物"，画家的绘画技能再好，也只是拷贝了自然和山水之美，只有敬畏自然，才能与自然和谐相处。"公园城市"就是要用中国人的智慧处理好人类与大自然、人与城市以及蓝（水体）绿（公园等绿色空间）灰（建筑、道路、桥梁等硬质设施）之间的关系，最终实现"人（人类）、城（城市）、园（大自然）"三元互动平衡、"蓝绿灰"阴阳互补、刚柔并济、和谐共生，实现山、水、林、田、湖、草、沙、居生命共同体世世代代、永续发展。

"公园城市"理念提出之后，各地积极响应，成都、咸宁等城市先行开展公园城市建设实践探索，四川、湖北、广西、上海、深圳、青岛等诸多省、区、市将公园城市建设纳入"十四五"战略规划统筹考虑，并开展公园城市总体规划、公园体系专项规划、"十五分钟"生活服务圈等顶层设计和试点建设部署。不少专家学者、科研院所以及学术团体都积极开展公园城市理论、标准、技术等方面的探索研究，可谓百花齐放、百家争鸣。

"新时代公园城市建设探索与实践系列丛书"以理论研究与实践案例相结合的形式阐述公园城市建设的理念逻辑、基本原则、主要内容以及实施路径，以理论为基础，以标准为行动指引，以各相关领域专业技术研发与实践应用为落地支撑，以典型案例剖析为示范展示，形成了"理论＋标准＋技术＋实践"的完整体系，可引导公园城市的规划者、建设者、管理者贯彻落实生态文明理念，切实践行以人为本、绿色发展、绿色生活，量力而行、久久为功，切实打造"人、城、园（大自然）"和谐共生的美好家园。

人民城市人民建，人民城市为人民。愿我们每个人都能理解、践行公园城市理念，积极参与公园城市规划、建设、治理方方面面，共同努力建设人与自然和谐共生的美丽城市。

国际欧亚科学院院士
住房和城乡建设部原副部长

丛书前言

习近平总书记 2018 年在视察成都天府新区时提出"公园城市"理念。为深入贯彻国家生态文明发展战略和新发展理念，落实习近平总书记公园城市理念，成都市率先示范，湖北咸宁、江苏扬州等城市都在积极探索，湖北、广西、上海、深圳、青岛等省、区、市都在积极探索，并将公园城市建设作为推动城市高质量发展的重要抓手。"公园城市"作为新事物和行业热点，虽然与"生态园林城市""绿色城市"等有共同之处，但又存在本质不同。如何正确把握习近平总书记所提"公园城市"理念的核心内涵、公园城市的本质特征，如何细化和分解公园城市建设的重点内容，如何因地制宜地规范有序推进公园城市建设等，是各地城市推动公园城市建设首先关心、也是特别关注的。为此，中国城市建设研究院有限公司作为"城乡生态文明建设综合服务商"，由其城乡生态文明研究院王香春院长牵头的团队率先联合北京林业大学、中国城市规划设计研究院、四川省城乡建设研究院、成都市公园城市建设发展研究院、咸宁市国土空间规划研究院等单位，开展了习近平生态文明思想及其发展演变、公园城市指标体系的国际经验与趋势、国内城市公园城市建设实践探索、公园城市建设实施路径等系列专题研究，并编制发布了全国首部公园城市相关地方标准《公园城市建设指南》DB42/T 1520—2019 和首部团体标准《公园城市评价标准》T/CHSLA 50008—2021，创造提出了"人－城－园"三元互动平衡理论，明确了公园城市的四大突出特征：美丽的公园形态与空间格局；"公"字当先，公共资源、公共服务、公共福利全民均衡共享；人与自然、社会和谐共生共荣；以居民满足感和幸福感提升为使命方向，着力提供安全舒适、健康便利的绿色公共服务。

在此基础上，中国城市建设研究院有限公司联合中国风景园林学会、中国公园协会共同组织、率先发起"新时代公园城市建设探索与实践系列丛书"（以下简称"丛书"）的编写工作，并邀请住房和城乡建设部科技与产业化发展中心（住房和城乡建设部住宅产业化促进中心）、中国城市规划设计研究院、中国城市出版社、北京市公园管理中心、上海市公园管理中心、东南大学、成都市公园城市建设发展研究院、北京市园林绿化科学研究院等多家单位以及权威专家组成丛书编写工作组共同编写。

这套丛书以生态文明思想为指导，践行习近平总书记"公园城市"理念，响应国家战略，瞄准人民需求，强化专业协同，以指导各地公园城市建设实践干什么、怎么干、如何干得好为编制初衷，力争"既能让市长、县长、局长看得懂，也能让队长、班长、组长知道怎么干"，着力突出可读性、实用性和前瞻指引性，重点回答了公园城市"是什么"、要建成公园城市需要"做什么"和"怎么做"等问题。目前本丛书已入选国家新闻出版署"十四五"时期国家重点出版物出版专项规划项目。

丛书编写作为央企领衔、国家级风景园林行业学协会通力协作的自发性公益行为，得到了相关主管部门、各级风景园林行业学协会及其成员单位、各地公园城市建设相关领域专家学者的大力支持与积极参与，汇聚了各地先行先试取得的成功实践经验、专家们多年实践积累的经验和全球视野的学习分享，为国内的城市建设管理者们提供了公园城市建设智库，以期让城市决策者、城市规划建设者、城市开发运营商等能够从中得到可借鉴、能落地的经验，推动和呼吁政府、社会、企业和老百姓对公园城市理念的认可和建设的参与，切实指导各地因地制宜、循序渐进开展公园城市建设实践，满足人民对美好生活和优美生态环境日益增长的需求。

丛书首批发布共 14 本，历时 3 年精心编写完成，以理论为基础，以标准为纲领，以各领域相关专业技术研究为支撑，以实践案例为鲜活说明。围绕生态环境优美、人居环境美好、城市绿色发展等公园城市重点建设目标与内容，以通俗、生动、形象的语言介绍公园城市建设的实施路径与优秀经验，具有典型性、示范性和实践操作指引性。丛书已完成的分册包括《公园城市理论研究》《公园城市建设标准研究》《公园城市建设中的公园体系规划与建设》《公园城市建设中的公园文化演替》《公园城市建设中的公园品质提升》《公园城市建设中的公园精细化管理》《公园城市导向下的绿色空间竖向拓展》《公园城市导向下的绿道规划与建设》《公园城市导向下的海绵城市规划设计与实践》《公园城市指引的多要素协同城市生态修复》《公园城市导向下的采煤沉陷区生态修复》《公园城市导向下的城市采石宕口生态修复》《公园城市建设中的动物多样性保护与恢复提升》和《公园城市建设实践探索——以成都市为例》。

丛书将秉承开放性原则，随着公园城市探索与各地建设实践的不断深入，将围绕社会和谐共治、城市绿色发展、城市特色鲜明、城市安全韧性等公园城市建设内容不断丰富其内容，因此诚挚欢迎更多的专家学者、实践探索者加入到丛书编写行列中来，众智众力助推各地打造"人、城、园"和谐共融、天蓝地绿水清的美丽家园，实现高质量发展。

前　言

2018 年 2 月，习近平总书记在成都天府新区首次提出"公园城市"理念。为深入贯彻国家生态文明发展战略和新发展理念，落实习近平总书记"公园城市"理念，成都市率先示范，湖北咸宁、江苏扬州等城市积极开展实践探索，湖北、广西、上海等省（区、市）都在积极试点并将公园城市建设作为推进城市高质量、可持续发展的重要抓手。如何准确把握习近平总书记所提"公园城市"的内涵，明确公园城市"是什么"以及建设公园城市应该"干什么""如何干"，亟需有相关政策与标准规范予以指引。为此，中国风景园林学会作为风景园林行业的专业学会，积极响应习近平总书记关于建设公园城市的重要指示，率先提出制定《公园城市评价标准》T/CHSLA 50008—2021，旨在集结全行业力量研究编制具有顶层设计指引作用的综合性标准，以指导各地求真务实、久久为功，科学有序推进公园城市建设。

本书基于已发布的《公园城市评价标准》，系统介绍了《公园城市评价标准》的编制背景、目的意义、基本思路和主要内容，并以理论研究与实践案例相结合的形式，阐述公园城市建设的理念逻辑、基本原则、重点内容和实施路径，希望为各地城市决策管理者和技术管理人员提供公园城市的理论支持、目标指引和经验借鉴，明确公园城市发展方向，引导公园城市的规划者、建设者、管理者基于标准指引，贯彻落实生态文明建设要求，践行以人为本、绿色发展的理念，量力而行、久久为功，切实打造"人、城、园（大自然）"和谐共生、永续发展的美好家园。

本书包括绪论和正文，共 8 章。绪论简要介绍了公园城市建设标准研究的背景、初衷、主要内容和最终形成的主要研究成果——《公园城市评价标准》；第 1 章为《公园城市评价标准》概述，介绍了《公园城市评价标准》编制的基本原则、评价指标体系构建的基本思考及其创新特征、评价等级设置的宗旨目标及评价系统建设的功能设置等；第 2~8 章在《公园城市评价标准》内容解读的基础上，以案例说明如何以指标评价结果指引公园城市建设因地制宜、有序推进，分别说明生态环境优美、人居环境美好、生活舒适便利、城市安全韧性、城市特色鲜明、城市绿色发展、社会和谐善治 7 个公园城市建设重点内容及实施路径。

在《公园城市评价标准》研编和本书编写过程中，中国风景园林学会、中国公园协会、中国城市经济学会以及湖北、广西、江苏、福建、上海、浙江等省（区、市）住房和城乡建设（园林绿化）主管部门领导，成都、咸宁、武汉、厦门、福州、柳州、扬州、徐州、常州、无锡、杭州、绍兴等城市相关委办局，中国城市建设研究院有限公司风景园林规划设计研究院、无界景观工作室、云南分院和城乡规划设计研究院数字规划研究所等诸多单位给予了大力支持和协助；仇保兴欧亚院士、潘家华学部委员、方岩局长、李雄教授、刘晓明教授等诸多专家领导给予指导、帮助；编辑们就本书编辑出版等做了大量细致的工作。书中参考和引用了国内外相关科研与实践探索总结资料与成果。在此一并表示衷心感谢和真诚的祝福。

限于编者能力，书中难免存在疏漏和欠妥之处，敬请读者批评指正。

目　录

绪论

公园城市作为新生事物和行业热点，尚处于起步探索阶段，如何准确把握习近平总书记所提"公园城市"的内涵和边界范围，不同地区、不同规模、不同社会经济水平的城市如何因地制宜、科学有序地推进公园城市建设，公园城市建设如何全面统筹又重点突出、特色彰显等，都是需要探索研究的。

2018 年习近平总书记提出"公园城市"理念以来，各地都在积极开展公园城市建设探索。湖北省于 2019 年出台了中国首部公园城市相关标准——《公园城市建设指南》DB42/T 1520—2019，提出了从城市规划、建设到治理的公园城市建设指标和有关要求，咸宁市以此为指引率先试点探索；成都市基于天府新区的实践探索于 2020 年 10 月发布了《公园城市指数（框架体系）》，为公园城市建设提供了方向性指引；中国社会科学院在《公园城市发展报告（2020）》中提出"公园城市建设评价指标体系"，并以此为依据进行探索性评价。但缺乏面向全国各地公园城市建设的普适性、指引性政策规范。

为贯彻落实公园城市理念，指导各地城市因地制宜、科学有序推进公园城市建设，2019 年，中国城市建设研究院有限公司牵头，联合北京林业大学、中国城市规划设计研究院、四川省城市建设研究院、成都市公园城市建设发展研究院、咸宁市城市规划设计院和厦门市城市规划设计研究院，共同研究编制中国风景园林学会团体标准《公园城市评价标准》（以下简称《标准》）。《标准》编制组坚持权威性、前瞻性、普适性、地域性及可实施性、统筹兼顾的原则，开展了习近平生态文明思想及其发展演变、公园城市指标体系的国际经验与趋势、国内外公园城市建设实践探索、公园城市建设实施路径等专题研究，并对全国不同地区代表性城市开展调研，尤其是对扬州、咸宁、成都、厦门等先行先试城市进行实地调研、问卷调查等，深入了解公园城市新发展理念下各地城市突出存在的现状问题和未来发展需求。

经过广泛调研、系统梳理和综合比对分析，结合我国各地城市建设现状和发展需求，确定以下主要内容：

第一，《标准》明确"公园城市"是将城市生态、生活和生产空间与公园形态有机融合，充分体现生态价值、生活价值、美学价值、文化价值、发展价值和社会价值，全面实现宜居、宜学、宜养、宜业、宜游。

第二，公园城市建设就是构建"人、城、园（大自然）"三元互动平衡、和谐共生的生命共同体。人是第一要素，即以人为本，以老百姓获得感、幸福感和安全感得以满足与不断提升为公园城市建设的出发点和落脚点。园是基础，即人的需求满足和城市健康可持续发展都要以自然生态和城市绿色基础设施为基础，都要受自然资源禀赋的制约。城是生产生活的空间平台，城市高品质有韧性、健康可持续发展和社会经济绿色高效发展是生态保护修复和以人为本的基本保障。

第三，公园城市是一个美好愿景，是城市发展的终极目标，不可一蹴而就，既要因地制宜、量力而行，又要全面统筹、突出重点、久久为功。因此，《标准》围绕公园城市建设主要内容和重要目标构建分级分类指标体系，给各地城市一把"尺子"，通过对标评价，因地制宜制定公园城市建设宏观策略、实施方案、保障措施等，量力而行、有序推进，同时基于评价结果进行纵向与横向的动态比对，促进城市螺旋式提升，最终实现"人、城、园（大自然）"和谐共生、永续发展的终极目标。

第四，围绕"人、城、园（大自然）"三元素，按照"规划—建设—治理"的过程逻辑，提出生态环境优美、人居环境美好、生活舒适便利、城市安全韧性、城市特色鲜明、城市绿色发展、社会和谐善治7个方面的重点建设内容，围绕7大建设内容分类设置评价指标，通过指标评价反向指导各地公园城市建设。

第五，中国地大物博，各地城市自然禀赋、地理气候、人口规模、社会经济发展水平等都有差异，《标准》应具有普适性兼顾特殊性。因此，评价指标设置分为基础项和引导项两类。其中，基础项为必须评价的内容，也就是公园城市建设达到的底线目标；引导项为指引未来发展和提升方向的内容，引导各地实现更高的目标，并且突出地域特色和城市个性。在具体指标的选择上，一是对接国家大政方针与未来发展目标，并与现行相关政策规范充分衔接，体现先进性；二是注重与国际接轨，确保前瞻性；三是依托地方实践探索，突出创新性。《标准》包括7个大类、25个中类评价指标，并设置初现级、基本建成级和全面建成级3个评价等级。各地城市可通过对标自评，摸清家底，清楚地了解自身处于什么样的层级水平，再根据其自然资源与社会经济实力，合理设定公园城市建设的阶段性目标，量力而行、尽力而为。

第 1 章

《公园城市评价标准》概述

自习近平总书记提出"公园城市"理念以来，社会各界对于公园城市的内涵、范围、建设内容等都在积极探索。但是由于我国公园城市建设尚处于探索阶段，缺乏成熟的理论支撑和政策标准指引，只能摸石头过河。《标准》编制组以问题导向、目标导向和可实施导向相结合的基本原则，基于国内外先进城市的经验借鉴，总结提出"人、城、园"三元互动平衡的公园城市建设理念，按照"规划—建设—治理"的过程逻辑，围绕"生态环境优美、人居环境美好、生活舒适便利、城市安全韧性、城市特色鲜明、城市绿色发展、社会和谐善治"7个公园城市建设重点构建公园城市评价指标体系。同时，《标准》将公园城市建设目标设置3个等级，分别为初现级、基本建成级、全面建成级，引导各地城市通过对标自评，摸清家底，清楚地了解自身处于什么样的层级水平，再根据其自然资源与社会经济实力，合理设定公园城市建设的阶段性目标，切实制定公园城市发展策略、建设路径、建设模式和配套政策等，又好又快地推进公园城市建设。

1.1 初心：《标准》编制基本原则

作为公园城市新理念、新模式指引下的首部评价类标准，与地方标准不同，《标准》编制面向全国各地，要集中体现国家层面政策目标和公园城市未来发展方向，编制时充分考虑兼顾先进性、普适性、实用性、地域差异性和可操作性，以实现对各地公园城市建设的技术支撑与管理指导。因此，《标准》编制主要遵循以下5大基本原则。

1.1.1 与时俱进，落实中央要求

基于权威性和前瞻引领性考虑，《标准》指标设置时，首先对接国家大政方针与未来发展目标，并与现行相关标准规范、政策文件充分衔接。例如，

借鉴中共中央、国务院批复的《河北雄安新区规划纲要》，设置"蓝绿空间占比"等指标，引导各地城市强化对各类绿地、农林用地、水域等生态空间、生态要素和生态资源的统一保护；围绕低碳、环保思路，响应碳达峰碳中和国家战略，首次提出"园林绿化垃圾资源化利用率"评价指标等。

1.1.2 兼收并蓄，吸纳成熟经验

基于先进性与实用性统筹考虑，《标准》在指标选取的依据、阈值设定、评价方法、评价范围等方方面面，既系统对标国际先进城市相关的评价体系和评价方法，与国家政策和现行标准规范相衔接，又充分学习借鉴国内外城市建设理论研究成果与实践探索中的成功经验，确保上接"天线"的同时能接"地气"，能在各地落地实施。例如，借鉴联合国可持续发展指标、新加坡"花园城市"重点策略等，设置"生态网络连接度""生物多样性保护"等指标，创新性地设置"生态安全"方面的评价指标。基于摸底调研，针对全国各地普遍存在乡土植物推广应用不足的现状，首次提出"园林绿化工程项目中乡土植物和本地适生植物苗木使用率"指标，旨在引导各地城市政府和园林绿化等主管部门将生物多样性保护规划落到实处，确保乡土和适生植物苗木本地区生产、就近保障供应。

1.1.3 因地制宜，彰显地域特色

基于普适性与地域差异性兼顾考虑，《标准》选取宏观指导性、普适性、近期易实现的指标作为基础指标，兼顾地区发展的不平衡和城市个性特色设置引导指标，以引导各地城市推进公园城市建设因地制宜、精准施策，并突出城市个性特色，避免照抄照搬、"一刀切"；同时，专门设置一级评价指标"城市风貌特色"，着力引导各地在公园城市建设过程中注重独特自然环境、古典建筑等历史人文资源、古树名木等珍贵自然资源的保护与合理利用，突出城市发展建设的地域特色与个性魅力，避免千城一面，让城市居民留住乡愁记忆，让外来者来了不想走、走了还想再来。例如，设置"城市风貌和乡愁记忆市民满意度"，将多类型人群认知和满意度纳入统计范畴，秉承"人民城市为人民"的宗旨理念，注重公众参与，通过城市风貌格局和乡愁记忆的保护和塑造来提升人民群众的获得感、幸福感和安全感。

1.1.4　分级评价，循序渐进重实效

基于地域性和实用性考虑，《标准》一方面设置诸如"公园化生活街区示范区""公园化功能区示范区"等指标，引导大中城市和社会经济实力较强的城市先行试点，再由点到面逐步推进公园城市建设；另一方面通过设置初现级、基本建成级和全面建成级 3 个评价等级，并将指标分为基础项和引导项，指引各地因地制宜推动公园城市建设，过程与结果并重，尽力而为、量力而行。基于等级评价，各地城市可以客观全面了解自身现状与建设水平，找出弱项进行优化提升；同时还可以参照本标准评价结果来进行纵向与横向比对，从而对公园城市建设推进的目标、进程等心中有数，避免盲目追求一蹴而就，而应久久为功。

1.1.5　求真务实，方便操作执行

基于可操作性考虑，《标准》指标设置时充分考虑了相关数据资料获取的可行性和评价实施的简便易行。一是结合国土空间规划的新政策、新要求，研究确定各项指标评价的空间边界范围，以"市域"和"城镇开发边界"为主，考虑到部分指标数据获取和统计口径对接的问题，同时沿用"建成区"的概念；二是评价方式以定量为主，定性评价和第三方评价为辅，各地反映切实好用的指标直接沿用，暂时难以量化评价或者难以获取相关数据的，采用定性评价方式突出引导性，重视体现公众需求和社会参与，以公众满意度调查的方式进行评价；三是确保每项指标设置都有理有据。

1.2　畅观：国内外经验借鉴

公园城市是城市发展的终极目标。如何理解、建设公园城市，各相关专业领域、各地城市都在积极探索。他山之石，可以攻玉。《标准》编制过

程中，编制组首先考虑的就是学习借鉴"他山之石"。通过系统梳理学习国内外城市的成功经验和优秀成果，构建评价指标体系，并设置 3 个评价等级，明确《标准》编制思路，做好顶层设计；同时，对成都、咸宁、扬州、厦门等先行先试城市的实践探索进行总结，充分借鉴各地实践经验，保障标准具有普适性和实践指导性。

1.2.1 国外相关标准规范研究

国外标准中与公园城市建设直接相关的标准较少，间接相关的指标体系多出现在城市规划、各类专项规划和行动计划中，《标准》编制过程中，主要参考借鉴了联合国可持续发展指标体系、英国伦敦国家公园城市建设目标、美国纽约城市总体规划指标体系和芝加哥弹性城市指标体系、新加坡"自然中的城市""花园城市"建设指标等先进经验和做法，详见表 1-1 和图 1-1。

国外城市高质量可持续发展建设相关经验和做法 表 1-1

序号	城市高质量可持续建设	先进理念、成功经验、优秀做法
1	联合国可持续发展指标体系	强调公众参与； 建设包容、安全、有抵御灾害能力和可持续的城市和人类住区； 确保采用可持续的消费和生产模式； 保护、恢复和促进可持续利用陆地生态系统，防治荒漠化、制止和扭转土地退化、遏制生物多样性的丧失等
2	英国伦敦国家公园城市建设目标	保护和增加首都绿色空间数量，优先发展绿色基础设施； 提升所有年龄段伦敦人进入绿色空间的可达性，尤其是目前绿化建设欠缺的地区；推广绿色屋顶、绿色墙、雨水花园等； 提升绿色空间品质，确保均得到良好的维护以及为野生动物创造健康的栖息地； 瞄准"灰色"区域增绿，重视绿色空间为伦敦带来的健康、环境、社会和经济利益和价值
3	美国纽约城市总体规划指标体系	鼓励慢行交通和公共交通出行； 提升医疗、教育、体育、文化、宽带、社区服务等公共服务覆盖率，打造成长中的繁荣城市； 降低温室气体排放、减少洪涝灾害、零废弃物填埋、生态修复等，打造绿色低碳可持续发展城市； 降低全市社区的社会脆弱性、构建公园体系增加绿色空间、提升生态网络连通性等，建设有弹性的美好城市
4	美国芝加哥弹性城市指标体系	人与人（居民与居民间、居民与社区间）、人与社会（区域间、城市政府间、政府与居民间、社团间、社区间）、人与自然和谐； 全面改善人居环境，缩小社区之间的差距； 强化社会治理，保障居民基本需求的满足和提升，解决犯罪和暴力的根源； 加强城市基础设施建设，增加绿色基础设施并提升连通性，确保提供稳定服务； 信息化智能化，提高管理与服务； 构建安定和谐的社区

续表

序号	城市高质量可持续建设	先进理念、成功经验、优秀做法
5	新加坡"自然中的城市""花园城市"建设指标	构建覆盖全域的综合绿地网络； 提高居民使用公园的可达性； 蓝绿融合，增加亲水平台，提升滨水绿地的综合功能； 多措并举、全面推广立体绿化、屋顶绿化、阳台庭院建设；全方位鼓励民众参与绿化美化建设； 积极倡导、实施可持续生活方式

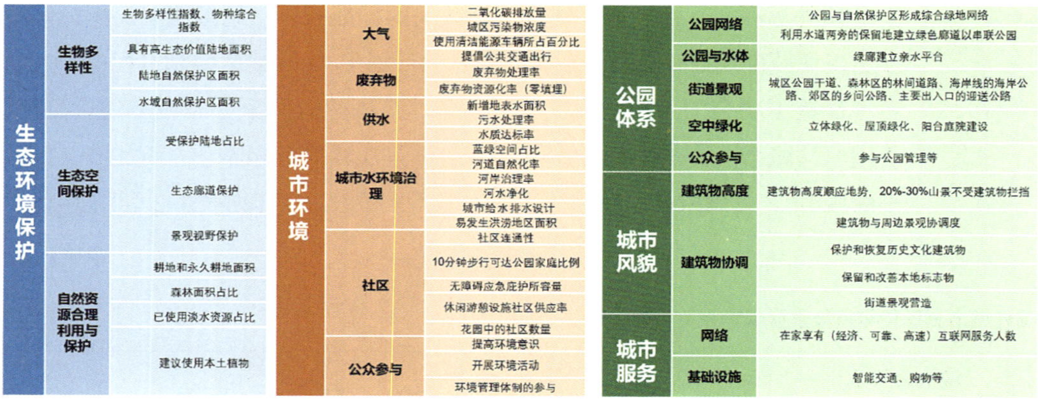

图 1-1　国外研究中与公园城市建设相关的指标

　　总体来看，发达国家城市规划和建设经验显示，城市高质量可持续发展建设目标都聚焦于人的需求满足、生态保护、人居环境提升、资源能源可持续发展利用、人文历史遗迹的保存等方面，也越来越重视人与人、人与自然、人与城市的关系，均提倡可持续发展、公平公正、公众参与等理念。

1.2.2　国内公园城市相关标准与实践探索研究

　　《标准》编制过程中，对湖北省地方标准《公园城市建设指南》DB42/T 1520—2019、成都市公园城市建设指标体系及中国社会科学院公园城市建设评价指标体系进行了梳理总结，本着兼收并蓄、突出前瞻引领与实用好用的原则，充分汲取地方经验，以做好顶层设计，切实指导公园城市建设。上述 3 项标准的特点及主要指标介绍详见表 1-2。

国内相关城市公园城市标准介绍　　　　　　　　　　　　　　　　　　　　　　　表 1-2

序号	标准名称	特点及主要指标介绍
1	《公园城市建设指南》	以"共抓长江大保护、促进长江经济带转型发展""实现城市高质量绿色可持续发展"为目标，探索符合湖北特色的公园城市规划理论体系和建设标准体系，着力解决城市生态环境退化、传统风貌特色缺失、生态产品供给不足等问题，推动城市转型、可持续发展。该指南明确了从公园城市规划、建设到治理的相关定性要求与51项定量指标。其中，规划层面从公园城市建设体现生态、生活、美学、文化、发展和社会6大价值出发，尤其是落实习近平总书记"把生态价值考虑进去"重要指示，将生态价值摆在规划要求的首要位置。生态价值方面要求基于生态本底调查、国土空间总体规划，衔接城市绿地系统、水系统等各类专项规划编制生态保护和修复专项规划等；生活价值重点要求从城市公园体系构建等方面打造优美、舒适、宜人的生活环境。在公园城市建设和治理方面，围绕生态环境优美、人居环境美好、城市韧性安全、城市特色鲜明和城市绿色发展6项重点建设目标和社会治理分类设置指标指引
2	成都市公园城市建设指标体系	成都市坚持用公园城市理念指导城市规划建设管理营造、塑造以绿色为底色、以山水为景观、以绿道为脉络、以人文为特质、以街区为基础的人、城、境、业和谐统一的新型城市形态，并形成该指标体系，旨在以公园城市建设带动城市高质量可持续发展。指标体系提出从人文丰富、交通便利、生态平衡、经济繁荣和社会和谐5个维度来衡量和引导成都公园城市建设，并将人的感受作为最优先考虑的重点
3	中国社会科学院公园城市建设评价指标体系	基于成都公园城市建设示范探索，中国社会科学院在《公园城市发展报告（2020）》中提出"公园城市建设评价指标体系"。指标设置注重科学性与系统性统一，强调可操作性与引领性，突出全局化与本地化相融合，突出强调生态，包括生态本底、生态经济、生态宜居和居民评价4个维度，每个维度向下分别选用了测度指标和扩展指标。其中，测度指标可通过现有公开数据资料直接获取，或基于公开数据资料利用相应公式计算获得，而扩展指标则主要面向未来发展做参考

　　同时，编制组全面研究了中国香港可持续发展理念及所涉及的环境保护、自然保育、能源等可持续发展政策标准，详见表 1-3 和图 1-2。

中国香港可持续发展建设主要经验　　　　　　　　　　　　　　　　　　　　　表 1-3

目标	相关内容与要求
自然保育（对应我们所提的自然资源保护）	公园、绿化地带、自然保育区、海岸带等均应合理保护； 开发项目需进行环境影响评价
环境（涉及空气、水质、废弃物、噪声等）	空气污染物综合指数、不同地区空气污染指数超过100的天数； 污水处理率、生活垃圾处理率、废弃物循环利用率等
康乐、休憩及绿化	步行可达社区会堂的居民数占总人口数的百分比、步行可达地铁站的平均时间； 人均休憩用地供应标准最低 $2m^2$、绿化覆盖率、本土植物使用、立体绿化、屋顶绿化率等
城市风貌	保护原有地形地貌，建筑物高度顺应地势； 20%~30%的山景不受建筑物拦挡、建筑物与周边景观协调度； 以人为主要活动要素的街道景观（如商铺、咖啡店、酒吧）与建筑物的比例；提供高质量、优美设计的街道景观设施
城市韧性	蓝绿融合，蓝绿空间占比不低于70%；生态驳岸； 雨水等水资源可再生利用等
交通	使用环保燃料的车辆所占的百分比； 平均交通距离等

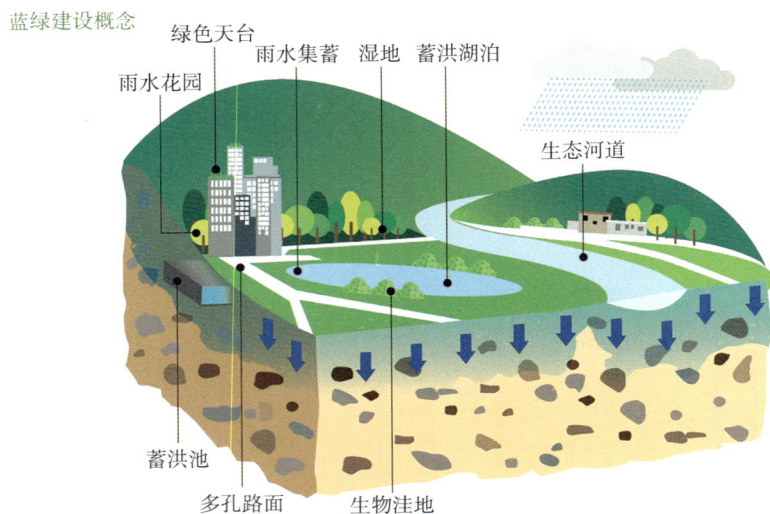

蓝绿建设概念　　绿色天台

雨水花园　　雨水集蓄　　湿地　　蓄洪湖泊

生态河道

蓄洪池　　多孔路面　　生物洼地

图1-2　中国香港"蓝绿建设"概念图（引自《香港气候行动蓝图2030+》）

从上述已有的公园城市相关标准及中国香港的城市规划建设经验来看，各地均十分关注生态保护、人的需求满足、公平公正、经济发展的可持续性、城市韧性、社会和谐等，这些为《标准》如何通过顶层设计引导公园城市建设发展方向，以及如何在普适性的前提下兼顾不同城市自身水平与地域特色差异，提供了宝贵的实践经验借鉴。

1.3　筑梦：评价体系构建

《标准》编制的宗旨目标是切实践行习近平总书记公园城市理念，引领、指导各地科学、合理、有序地推进公园城市建设。因此，理清公园城市理念的科学内涵、明确公园城市建设的核心目标和主要内容、突出《标准》对各地公园城市建设的规范引领和技术支撑，是《标准》指标体系构建的思维逻辑。

1.3.1 理清公园城市理念的科学内涵

首先，基于习近平生态文明思想演进等专题研究，并结合湖北省地方标准《公园城市建设指南》DB42/T 1520—2019 等对公园城市的相关定义，《标准》提出公园城市的基本内涵为：将城市生态、生活和生产空间与公园形态有机融合，充分体现城市空间的生态价值、生活价值、美学价值、文化价值、发展价值和社会价值，全面实现生态环境优美、人居环境美好、城市安全韧性、社会和谐善治、产业绿色低碳、经济持续提升的新型城市。

其次，公园城市是一个美好的愿景，全面体现新发展理念的城市发展高级形态。顾名思义，公园城市就像一个大花园，山清水秀、鸟语花香、清新怡人，是宜居、宜业、宜学、宜养、宜游的美丽家园，是生态文明新时代的城市高质量可持续发展的新模式，其宗旨目标是构建"人、城、园"三元动态平衡、和谐共荣、永续发展（图 1-3）。

图 1-3　公园城市"人、城、园"三元互动平衡发展机制

最后，公园城市作为城市发展的终极目标、美丽中国的具象体现，与山水城市、绿色城市、园林城市、生态园林城市等既有相关性，又具有以下突出特征：①美丽的公园形态与空间格局，以绿为底色，以美为特色，以有生命力的绿色共享空间为城市发展主要活力要素，显现城园融合的城市形态，突出城市绿地系统和公园体系与城市空间结构的耦合协调；②以全民共享为价值取向，"公"字当先，通过政府、社会、老百姓共谋共建共治，实现公共资源、公共服务、公共福利全民均衡共享，更强调公共性和开放性，强调以人民为中心的普惠公平；③以和谐持续为发展理念，符合城市生态文明建设的需要，适应我国人口多、密度大、规模大的城市化特征，坚持基于自然的底线思维，顺应自然生态的内在规律，实现各类人群个性化需求的合理化满足，促进人与自然、社会和谐共荣；④以居民幸福满足为使命方向，着力提供安全舒适、健康便利的绿色公共服务，让生活其中的老百姓时时处处都像在自家的后花园一样安逸、幸福、满足；⑤以绿色空间及其价值转化为基本保障，强调绿色生态空间的复合功能，能"提供更多优质生态产品"，融合更丰富的创新功能，带动城市绿色高质量发展。

1.3.2 评价指标体系构建

《标准》指标体系构建的总体思路是通过指标体系构建和合理指标设置，以评价结果来引导各地城市因地制宜、重点突出、循序渐进推进公园城市建设，最终建成"人、城、园（大自然）"三元互动平衡、和谐共荣的美丽家园，实现生态美好、生产高效、生活幸福（图1-4）。

图 1-4 公园城市建设的重点目标

公园城市建设必须首先考虑生态价值，以生态保护和修复为基本前提，构建"山水林田湖草居"生命共同体。因此，将"生态环境"作为第一板块，从生态资源、生态保育与修复、生态价值三个维度进行评价；以"以人为本"和"人民城市为人民"为出发点和落脚点，不断提升老百姓获得感、幸福感和安全感，设置"人居环境""生活服务""社会治理"三个评价维度，旨在引导各地优化百姓生活和居住可达、可公平享用的绿色空间的布局与品质，提升教育、医疗等公共服务设施和市政基础设施的均等化程度，推进"共建、共治、共享"，以满足老百姓的获得感和自我价值实现；公园城市的作用靶点是"城"，《标准》设置"安全韧性""特色风貌""绿色发展"三大板块，以引导各城市在保障城市安全韧性、经济发展绿色高效、城市可持续发展的基础上，内外兼修、特色彰显，通过生态资源与生态要素的价值转化，实现从经济 GDP 转向绿色 GDP 的转型升级。由此，构建公园城市评价指标体系框架如图1-5所示，评价指标体系详见表1-4。

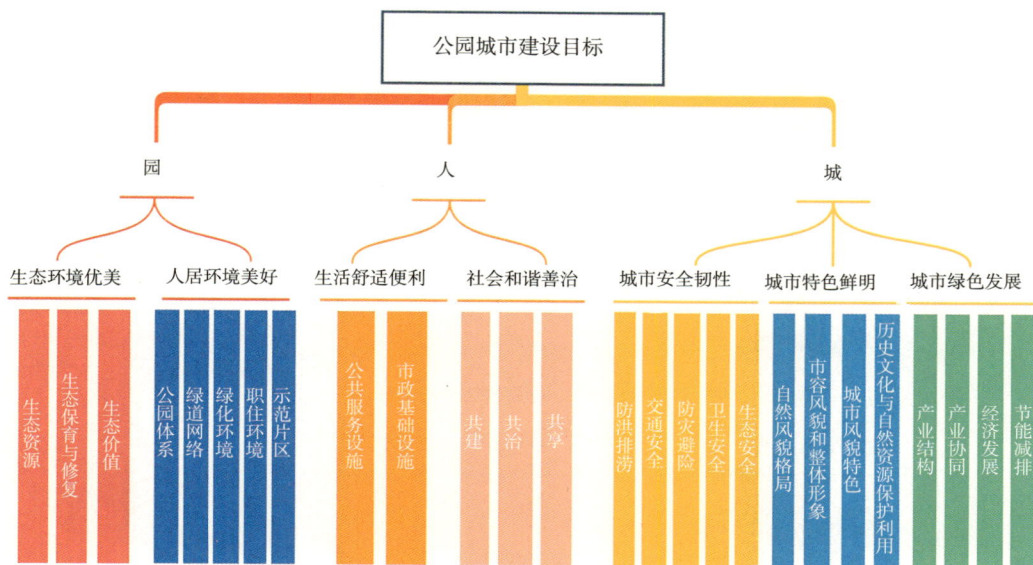

图 1-5 公园城市评价指标体系框架

《标准》评价指标体系   表 1-4

一级指标	二级指标	三级指标	
		评价指标	评价项
生态环境	生态资源	蓝绿空间占比	蓝绿空间占比
		耕地与永久基本农田管控	耕地与永久基本农田管控
		林木覆盖率	林木覆盖率
	生态保育与修复	生态保护红线管控	生态保护红线管控
		全年空气质量优良天数	全年空气质量优良天数
		湿地保护率	湿地保护率
		水体岸线自然化率	水体岸线自然化率
		水体治理和修复率	黑臭水体治理率
			地表水Ⅳ类及以上水体比率
		废弃地生态修复率	废弃地生态修复再利用率或废弃地修复成果维护保持率
		破损山体生态修复率	破损山体生态修复完成率或破损山体修复成果维护保持率
		园林绿化工程项目中乡土植物苗木使用率	园林绿化工程项目中乡土植物苗木使用率

续表

一级指标	二级指标	三级指标	
		评价指标	评价项
生态环境	生态价值	生态网络连接度	生态连接指数
			生态边缘密度
		生物多样性保护	综合物种指数
			本地植物指数
			复层植物种植比例
		城市热岛效应	城市热岛效应强度
人居环境	公园体系	公园体系规划建设	编制公园体系规划
			规划实施率
		公园数量	人均公园绿地面积
			万人拥有综合公园指数
			人均专类公园面积
			人均游憩绿地面积
		公园布局	公园绿地服务半径覆盖率
			10hm² 以上公园 1500m 服务半径覆盖率
		公园品质	公园品质评价值
	绿道网络	绿道规划、建设和运营管理情况	绿道规划编制、规划绿道建设实施、设施配套建设、运营管理与服务水平
			城市万人拥有绿道长度
	绿化环境	城市绿化建设总体情况	建成区绿地率
			建成区绿化覆盖率
			林荫路推广率
			立体绿化推广实施水平
	职住环境	职住环境公园化实施情况	园林式居住区比例
			园林式单位比例
			单位和住宅附属绿地中面向本单位和本住宅区所有人开放共享的绿地建设情况

续表

一级指标	二级指标	三级指标	
		评价指标	评价项
人居环境	示范片区	集中体现公园城市建设理念的片区建设情况	公园化生活街区示范区个数
			公园化功能区示范区个数
			城市公园化生态地区示范区面积比例
生活服务	公共服务设施	文化设施	人均公共文化设施用地面积
			城市社区文化活动设施步行 15min 覆盖率
		教育设施	人均教育设施用地面积
			城市社区中学步行 15min 覆盖率
			城市社区小学步行 10min 覆盖率
			城市社区幼儿园步行 5min 覆盖率
		体育设施	人均体育场地面积
			城市社区体育设施步行 15min 覆盖率
		医疗卫生设施	人均医疗卫生设施用地面积
			医疗卫生设施千人床位数
			城市社区卫生服务设施步行 15min 覆盖率
		商业设施	城市社区商业服务设施步行 10min 覆盖率
		社会福利设施	人均社会福利设施用地面积
			城市社区养老服务设施步行 15min 覆盖率
	市政基础设施	城市给水系统	管网漏损率
			水质达标率
		城市污水系统	城市污水处理率
			城市污水处理污泥达标处置率
		城市环卫系统	生活垃圾无害化处理率
			建筑垃圾资源化利用率
			餐厨垃圾资源化利用率
			园林绿化垃圾资源化利用率

一级指标	二级指标	三级指标	
		评价指标	评价项
生活服务	市政基础设施	城市道路系统	公共交通站点 500m 覆盖率
			城市道路完好率
			路网密度
安全韧性	防洪排涝	径流控制	年径流总量控制率
			城市内涝积水点密度
		雨水资源利用	年均雨水资源利用率
	交通安全	交通安全设施达标率	交通信号与监测设施覆盖率
			道路安全设施覆盖率
			机非分离覆盖率
		城市道路交通事故万车死亡率	城市道路交通事故万车死亡率
	防灾避险	城市防灾	人均避难场所面积
			应急避难场所 500m 服务半径覆盖率
		人均城市大型公共设施具备应急改造条件的面积	人均城市大型公共设施具备应急改造条件的面积
	卫生安全	城市防护绿地实施率	城市防护绿地实施率
	生态安全	珍稀濒危物种调查与保护	珍稀濒危物种摸底调查完成率
			珍稀濒危物种保护率
		外来入侵物种调查与控制	外来入侵物种现状摸底调查完成率
			外来入侵物种控制率
		生态安全宣传教育普及率	生态安全宣传教育普及率
特色风貌	自然风貌格局	自然风貌格局保护修复	自然风貌格局保护修复
		生态空间保护利用恢复	生态空间保护利用恢复
		城市风貌和乡愁记忆市民满意率	城市风貌和乡愁记忆市民满意率
	市容风貌和整体形象	市容风貌评价值	市容风貌评价值
		城市整体形象评价值	城市整体形象评价值

续表

一级指标	二级指标	三级指标	
		评价指标	评价项
特色风貌	城市风貌特色	城市植物景观风貌评价值	城市植物景观风貌评价值
		城市设计编制、实施及管理水平评价值	城市设计编制、实施及管理水平评价值
		特色风貌片区保护和建设水平评价值	特色风貌片区保护和建设水平评价值
		风貌道路（街巷）、风貌河道的保护修复和利用评价值	风貌道路（街巷）、风貌河道的保护修复和利用评价值
	历史文化与自然资源保护利用	历史文化遗产保存利用评价值	历史文化遗产保存利用评价值
		古树名木及古树后备资源保护率	古树名木保护率
			古树后备资源保护率
绿色发展	产业结构	绿色产业贡献度	绿色制造产业增加值占比
			第三产业 GDP 占比
	产业协同	"公园 +"实施率	"公园 +"实施率
		"公园 +""三新"经济增加值占比	"公园 +""三新"经济增加值占比
	经济发展	单位国土面积生态系统生产总值	单位国土面积生态系统生产总值
	节能减排	单位 GDP 碳排放强度	单位 GDP 碳排放强度
		建筑节能	既有建筑绿色改造完成率
			建筑单位面积能耗降低值
		绿色出行	新能源汽车占有率
			市民绿色出行分担率
		再生水利用率	再生水利用率
社会治理	共建	城市公园绿地建设社会参与度	城市公园绿地建设社会参与度
		老旧小区改造居民参与度	老旧小区改造居民参与度
		城市社区垃圾分类居民参与度	城市社区垃圾分类居民参与度
	共治	数字化管理平台规范运营考核达标率	数字化管理平台规范运营考核达标率

续表

一级指标	二级指标	三级指标	
		评价指标	评价项
社会治理	共治	城市公共项目社会参与度	城市公共项目社会参与度
		城市社区居民公共事务参与度	城市社区居民公共事务参与度
	共享	每10万人拥有的文化场馆数量	每10万人拥有的文化场馆数量
		文化和体育设施共享率	文化和体育设施共享率
		公园免费开放率	公园免费开放率
		城市安全市民满意率	城市安全市民满意率
		城市公共空间市民满意率	城市公共空间市民满意率

1.3.3 突出《标准》创新引导性

《标准》作为新时代发展理念下第一部面向全国的公园城市标准，以引领创新发展为指标体系构建的重要考量，主要体现在以下三个方面：

第一，生态优先，突出"人、城、园"三元互动协同的系统性。突破"人的需求至上、人定胜天"的传统思想，突出大自然、绿色生态空间作为规划前置性要素，在国土空间规划大背景下，优先将大自然、绿色生态空间作为基底，以资源环境承载力为底线，在"园（大自然）"的背景与制约下，合理控制城市规模，最大限度满足人的需求，促进人与自然和谐共生（图1-6）。

第二，以人为本，突出公平共享性。《标准》以老百姓获得感、幸福感和安全感得以满足与不断提升为宗旨目标，突出公园体系建设、全龄友好生活服务圈建设及其服务全域覆盖等，引导各地丰富百姓可达、可公平享用的绿色空间和公共活动空间，优化绿地布局与品质，提升公共服务均等化程度等；同时，"社会治理"板块从共建、共治、共享3个维度构建指标，改变传统的城市政府单向发力、"一头热"的管理模式为百姓全过程参与的治理模式，引导各地城市政府汇聚全民智慧，提升治理、服务的精准性与高效性，提升老百姓的获得感和自我价值实现。

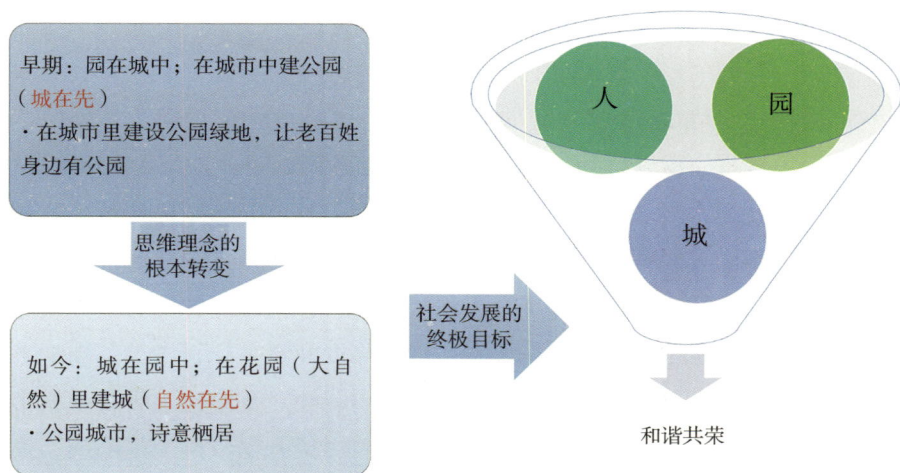

图 1-6 公园城市理念创新

第三，低碳永续，突出前瞻性。"绿色发展"板块围绕产业结构优化调整、产业协同发展、绿色经济发展、节能减排等方面构建指标体系，引导城市走绿色、低碳、循环、可持续发展道路。同时，响应国家"双碳"战略，在"生活服务"等板块中，提出构建城市绿色交通系统、建立低碳环保的垃圾收运处理系统，创新开展园林绿化垃圾资源化利用等。

1.4 笃行：基于评价久久为功

公园城市是"整个城市是一个大花园，老百姓走出来就像在自己家里的花园一样"的美好愿景，是城市发展的终极目标，需要久久为功。为此，《标准》设置初现级、基本建成级和全面建成级 3 个评价等级，各地城市可结合自身基础与社会经济现状条件，基于摸底评估，合理设置不同等级的公园城市建设阶段性目标，循序渐进推进建设。

1.4.1　公园城市评价等级

《标准》明确各等级评价中的基础项和引导项，基础项是各等级公园城市应该满足的底线要求，引导项则用以引导各地城市以实现更高的目标，并突出地域特色与城市个性。不同等级公园城市的评价内容相同，但针对不同等级同一评价指标的类型定位和目标值是不尽相同的。其中，初现级公园城市将生态环境、人居环境、特色风貌等各类公园城市建设内容中的基础性工作、具有普遍意义的工作以及事关老百姓最基本需求的重点工作列为基础评价项，其余指标则为引导项。基本建成级公园城市评价，在初现级基础上，将其引导项指标中着力提升老百姓生活品质、提升老百姓幸福指数的关键指标调整为基本项指标，其余指标仍然为引导项。全面建成级公园城市作为最高层级目标，在指标定位与目标值的设置上，一是考虑全域空间的覆盖性，二是需要引导公园城市建设工作的全面覆盖与深入推进。总体而言，随着等级升高，基础项的数量递增，引导项的数量则递减；对于各等级评价中诸如蓝绿空间占比、人均公园绿地面积等基本定位不变的指标，则随着等级升高其阈值有所提高。

1.4.2　评价指引公园城市建设

公园城市建设宜基于 7 大重点建设内容的综合评价结果指引，遵循以下基本路径有序推进（图 1-7）。①民意调查＋城市现状摸底评估→②基于

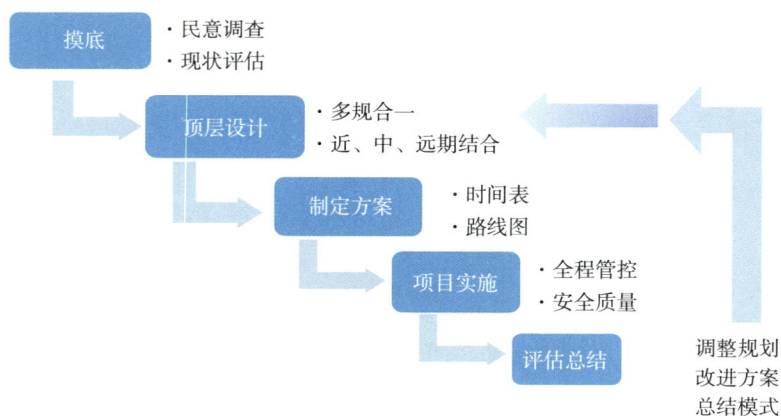

图 1-7　公园城市建设基本路径

资源保护和三生空间统筹的多规合一为引领，做好顶层设计→③根据已确定的公园城市发展目标制定实施方案，制定工作计划→④秉承时序概念，坚持"公"字当先，开展项目实施→⑤抓紧抓实过程控制管理（安全、质量、功能、可持续性）→⑥保障维护管理与品质提升发展→⑦评价总结，修改规划、改进方案，形成可推广可复制模式→⑧推动城市螺旋式上升发展。

1.4.3 公园城市评价系统

数字化智能化，既是时代发展的客观需求，也是新时期提升城市规划、建设、治理水平与效能的必然要求。公园城市评价系统是以《标准》为基础研发的数字化智能化评价系统（图1-8），包括数据采集、数据管理、指标测算、对标评价、专家建议等功能模块，在完成公园城市评价数据收集录入后，即可实现智能化高效评价，出具公园城市建设现状、与目标等级之间的差距和主要短板、未来建设重点等评价结果，切实指导各地城市基于评价结果有针对性地制定顶层规划、实施方案、时序安排等。同时，针对公园城市建设的核心内容，可以配置城市园林基础数据采集与管理系统、古树名木管理系统、园林养护监督巡查系统等关键技术模块，为实施公园城市"一城一策"规划与建设提供技术支撑。

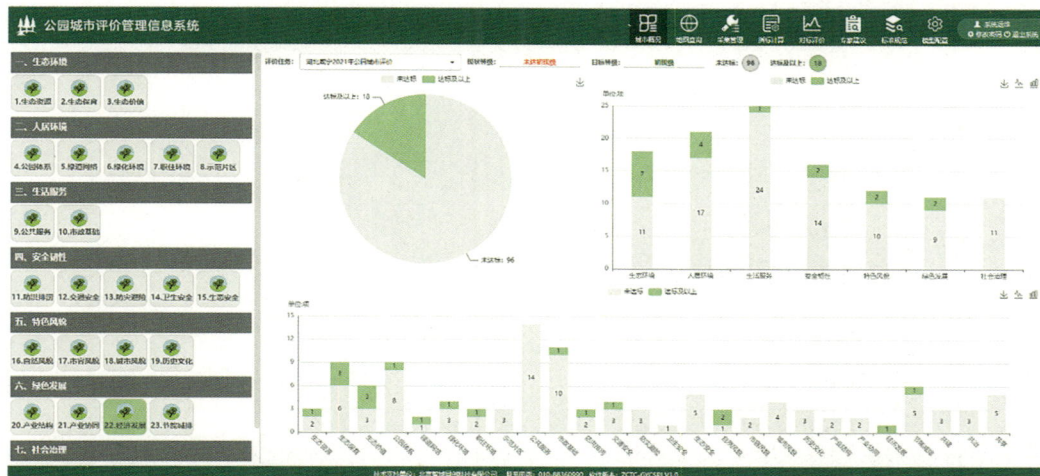

图1-8 公园城市评价管理信息系统界面

第 2 章

生态环境优美

良好生态环境是最公平的公共产品，是最普惠的民生福祉，是中华民族永续发展的要求。公园城市建设必须首先考虑生态价值，在保护自然生态的基础上营造近自然的生态宜居环境，恢复并提升自然生态系统功能，充分释放生态价值。美丽的公园形态与空间格局需要以绿为底色，因此，《标准》将"生态环境"作为首要的基础板块，从生态资源、生态保育与修复、生态价值 3 个维度构建指标体系，针对不同类型分类施策推进修复，提升生态系统完整性和多种功能，以满足老百姓的健康出行、休闲游憩等多维需求，促进人与自然和谐共生，为"+公园"和"公园+"融合发展夯实生态基底（图 2-1）。

评价内容	生态资源	1 蓝绿空间占比 2 耕地与永久基本农田管控 3 林木覆盖率	
	生态保育与修复	1 生态保护红线管控 2 全年空气质量优良天数 3 湿地保护率 4 水体岸线自然化率 5 水体治理和修复率	6 废弃地生态修复率 7 破损山体生态修复率 8 园林绿化工程项目中乡 土植物苗木使用率
	生态价值	1 生态网络连接度 2 生物多样性保护 3 城市热岛效应	

图 2-1　生态环境板块评价内容

2.1　固本：加强城市生态资源评估

生态文明建设上升为国家战略，生态环境保护是"国之大者"，是国家经济发展水平和社会文明程度的重要标识，工业、农业、林业、环保、科学技术等各行各业都成为生态环境保护的生力军。生态资源是城市高质量可持续发展的物质基础和环境基础，各地应摸清生态本底情况，优化生态格局，守护生态保护约束底线，切实加强自然生态资源保护。

2.1.1　开展生态环境摸底评估

> 在整个发展过程中，我们都要坚持节约优先、保护优先、自然恢复为主的方针，不能只讲索取不讲投入，不能只讲发展不讲保护，不能只讲利用不讲修复，要像保护眼睛一样保护生态环境，像对待生命一样对待生态环境，多谋打基础、利长远的善事，多干保护自然、修复生态的实事，多做治山理水、显山露水的好事，让群众望得见山、看得见水、记得住乡愁，让自然生态美景永驻人间，还自然以宁静、和谐、美丽。
>
> ——2018 年 5 月 18 日，习近平总书记
> 在全国生态环境保护大会上的讲话

天蓝地绿水清，是人民群众对优美生态环境的期盼。2022 年政府工作报告强调"加强生态环境分区管控，科学开展国土绿化，统筹山水林田湖草沙系统治理，保护生物多样性"，优美环境的营造与科学的分区管控，需要对生态环境进行摸底调查与系统评估，根据生态环境摸底评估，合理设置"蓝绿空间占比、林木覆盖率、耕地与永久基本农田管控"等建设指标，引导各地城市强化对各类绿地、农林用地、水域等生态空间、生态要素和生态资源的统一保护，实现公园城市生态环境建设目标。

摸清生态家底数据。通过遥感、GPS、无人机、统计调查、资源普查、实地勘察、大数据等多种途径对生态本底进行调查，全面清查生态资源，摸清自然生态资源类型、面积、分布和状况等，明确城市蓝绿空间占比、林木覆盖率等。借鉴《河北雄安新区规划纲要》的空间管控经验，并对各地城市的实地调研、分析研究，不同城市发展时期公园城市生态资源本底建设目标设置应符合阶段发展特征，循序渐进、有序推进（表 2-1、图 2-2）。

公园城市建设生态本底评估指标　　　　　　　　　　　　　　　　表 2-1

序号	建设指标	公园城市建设指标目标		
		初现级	基本建成级	全面建成级
1	蓝绿空间占比	≥ 50%	≥ 60%	≥ 70%
2	林木覆盖率	≥ 25%~35%	≥ 30%~45%	≥ 35%~50%

图 2-2 河北雄安新区蓝绿空间

全面评估生态系统服务功能。生态系统是由生物群落及其生存环境共同组成的动态平衡系统，是维持地球生命的基础。生态系统服务是指生态系统与生态过程所形成及所维持的人类赖以生存的自然环境条件与获得的效益[①]，是公园城市发挥社会福祉的基础，提升生态系统服务功能对丰富城市生态产品供给、充分释放生态价值具有重要意义。在生态本底摸查调研基础上，利用 GIS、遥感影像处理分析、Maxent 模型等技术方法，针对城市的水源涵养、水土保持、景观游憩、固碳释氧、防风固沙、生物多样性维护等生态系统服务功能，选取合适的评价指标，构建评价体系，全面评估城市生态功能。将不同生态功能评估结果综合叠加，识别重要生态功能保护区域。

统筹识别受损空间。除保护重要的生态功能区外，对城市受损的空间也需重点治理与保护。为解决生态空间生态景观破碎化、生态系统完整性受损、生态环境污染等问题，开展生态敏感性评价，从水土流失、土地沙化、土壤侵蚀、地质滑坡、泥石流等方面进行生态脆弱性评价，定量与定性相结合，综合识别生态敏感脆弱区，作为城市重要的生态保护区域。

---

① 欧阳志云，王如松，赵景柱. 生态系统服务功能及其生态经济价值评价 [J]. 应用生态学报，1999，10（5）：635-640.

加强耕地农田管控。习近平总书记强调："粮食安全是'国之大者'。悠悠万事，吃饭为大。"农业作为城市发展的基础，在城市的发展过程中起到重要的支撑作用。为保障粮食安全、维持社会和谐，稳定粮食和蔬菜等城市主要农产品的生产空间极为重要。严格保障耕地数量、提升耕地质量、提高农业标准化生产水平、鼓励建立绿色优质农产品品牌等，是提高粮食综合生产能力的前提。严格按照国土空间规划确定的耕地保有量和永久基本农田控制线进行管控，并执行耕地保护的有关规定。永久基本农田一经划定，实行永久保护，不得随意改变永久基本农田布局，不得擅自将不稳定耕地、劣地、坡地、生地划入永久基本农田，不得随意改变永久基本农田保护红线边界；严禁占用永久基本农田植树造林。

北京市生物多样性现状与本底调查

北京地处华北平原的西北端、燕山与太行山交汇处，整体呈现西北高、东南低的地形特征。多样的地形地貌和典型的暖温带半湿润半干旱季风气候孕育了北京丰富独特的生物多样性。此外，北京处在"东亚－澳大利西亚"国际候鸟迁飞路线上，是生物多样性最为丰富的地区之一。

当前北京境内包括森林生态系统、灌丛生态系统、湿地生态系统、草甸生态系统、农田生态系统和城市生态系统六大类型，已发现陆生野生脊椎动物 596 种，其中鸟类 503 种、兽类 63 种、两栖爬行动物 30 种，共有 126 种国家重点保护野生动物，其中国家Ⅰ级重点保护野生动物 30 种，国家Ⅱ级重点保护野生动物 96 种；已发现维管束植物 2088 种，包括国家重点保护野生植物 15 种，其中百花山葡萄为国家Ⅰ级重点保护植物，轮叶贝母、大花杓兰、北京水毛茛、槭叶铁线莲、丁香叶忍冬等为国家Ⅱ级重点保护植物。

2020 年，北京启动全市域范围内的生物多样性调查工作，于 2021 年制定了《北京市 2021~2025 年生物多样性调查方案》，将全市划分为 212 个 10km×10km 的调查网格，针对生态系统、苔藓植物、维管植物、藻类、哺乳类、鸟类、两栖类、爬行类、鱼类、昆虫、大型真菌和遗传资源各类群开展生物多样性调查与评估工作，计划在"十四五"期间，实现调查网格全覆盖，动态摸清全市生物多样性的本底情况。

2.1.2　合理构建生态安全格局

> 落实环境保护法等相关法律法规，统筹考虑自然生态整体性和系统性，开展科学评估，按生态功能重要性、生态环境敏感性与脆弱性划定生态保护红线，并落实到国土空间，系统构建国家生态安全格局。
>
> ——中共中央办公厅 国务院办公厅
> 《关于划定并严守生态保护红线的若干意见》（2017 年）

生态，维系着民生福祉。奉绿水青山之命，举生态空间之治，责任不可谓不大，既要保护城市重要的生态功能区，又要保护敏感脆弱区，兼顾生态廊道与生态网络，综合构建生态安全格局。生态安全，则国家安全。

合理确定生态廊道。生态廊道将重要的生态保护区域进行相互连通，促进物种的迁徙和能量物质的流动，对生态系统健康发展、自我循环具有重要作用，需要重点识别与保护。生态廊道一般基于生态学"源－汇"理论进行识别，首先选取重要自然生态保护区域（如重要生态功能区、生态敏感区等）为生态源地；基于土地覆盖类型、建设用地、道路、水域、地形等阻力因子，利用熵权法明确阻力因子的赋值，加权叠加得到综合阻力面；采用最小累积阻力模型、电路模型等方法，利用 GIS 平台构建基本的生态阻力面提取生态廊道；进行实地调研踏勘，结合物种栖息地、物种迁徙路径、生活习性等校核生态廊道构建的合理性。

加强生物多样性保护。开展生物多样性调查、评估与监测，选取气候、地形、栖息地及人为影响等因子，利用生态学模型预测重点保护物种分布，识别、评估、筛选物种生境分布热点区，作为生物多样性保护的重要区域；识别物种迁徙廊道，构建物种适宜的栖息地环境。编制生物多样性保护规划，并将生物多样性保护纳入部门和区域规划，促进持续利用。

系统建设生态网络。网络是由点、线二元关系构成的系统，用来描述资源或物质在空间上的运动。生态网络，在组成上，由生态源地、生态廊道和生态基质构成；在空间布局上，具有网络化、连通性的特征；在功能上，具有生态功能和社会功能。用线性网络解决面域问题，既能保证物质在区域内的流通，又能保证资源享有的均等性，是在有限条件下对资源的最大化利用。公园城市建设中，重要的生态保护区作为生态斑块，利用生态廊道、绿道、河湖水系、物种迁徙廊道等具有一定连接度的线性廊道进行连通，构成生态网络的基本布局与结构，由斑块到廊道再到全域，即由线性廊道连线成网，形成公园城市面上的全覆盖保护结构。通过实施生态网络体系规划，串联蓝绿空间，减少生态破损程度，促进城乡生态网络体系系统性、完整性与连通性，促使生态系统服务效益最大化。

构建生态安全格局。基于重要生态保护区域、生态廊道的识别与生态网络构建，结合城市相关的规划约束，形成"点 - 线 - 面"相结合的保护体系，构筑多层次、成网络、功能复合的生态安全格局，保障生态系统安全。重点保护生态空间中的景观节点、文化资源点，形成生态战略点；建设生态绿带、绿环、绿道、绿廊等，实现景观节点的沟通连通，保障生物活动迁徙廊道畅通，加强生态网络的互通互联，形成生态空间的基本骨架，促进生态空间内外的联系；强化生态保护重要性、生态敏感性区域的保护，形成生态空间面状基底性保护空间。

咸宁市生态优先，构建健康安全的全域生态格局

基于湖北省地方标准的研究编制和咸宁市 2018 年以来的公园城市建设实践探索，咸宁市组织研究编制了《咸宁市自然生态公园城市专项规划（2020~2035）》。基于国土空间规划一张图指引，对上对下进行相关规划衔接，以咸宁市全国第三次土地调查的结果为依据，叠加生态保护红线，应用生态网络提取技术，识别生态源地、生态廊道与生态关键节点，共同构成了咸宁市完整的生态网络和生态安全格局，规划形成"一山一城一江，五湖两河五组团"的公园城市山水城结构（图 2-3）。

（1）一江：长江——融入长江经济带，开拓滨江建设与发展模式。

（2）一山：幕阜山——依山傍水，发展旅游产业、田园乡野产业等。

（3）一城：以咸宁市中心城区为核心。

（4）五湖：斧头湖、西凉湖、黄盖湖、大岩湖、蜜泉湖——建立环湖保护缓冲带、环湖游览带。

（5）两河：淦水 - 富水、陆水——沿河游憩带，连接南北生态、休闲纽带。

（6）五组团：以五个县城为点。

图 2-3 咸宁市公园城市山水城结构
（引自《咸宁市自然生态公园城市专项规划（2020~2035）》）

资料来源：中国城市建设研究院有限公司、咸宁市国土空间规划研究院

2.1.3 严格管控生态保护红线

生态保护红线是指在生态空间范围内具有特殊重要生态功能、必须强制性严格保护的区域，是保障和维护国家生态安全的底线和生命线。以改善生态环境质量为核心，以保障和维护生态功能为主线，按照山水林田湖系统保护的要求，划定并严守生态保护红线，实现一条红线管控重要生态空间，确保生态功能不降低、面积不减少、性质不改变，维护国家生态安全，促进经济社会可持续发展。

——中共中央办公厅 国务院办公厅
《关于划定并严守生态保护红线的若干意见》（2017 年）

生态资源保护要树立底线约束思维，依据《关于划定并严守生态保护红线的若干意见》《中共中央 国务院关于全面加强生态环境保护 坚决打好污染防治攻坚战的意见》等战略要求，通过设置"生态保护红线管控"指标，合理划定生态保护红线，加强山水林田湖草等自然要素的保护，严格保护城市原有的自然山水格局，确保其原真性、完整性和功能完好性，做好城市治山理水、显山露水的文章，并为生物物种资源保育提供良好的环境，促进人与自然和谐共生。生态保护红线的管控应遵循自然规律、对接上位规划要求，严格控制生态保护空间的转换，加强项目准入评估。

强化基于自然的适应性管理。生态保护红线的划定，应遵循地形地貌、气候特征，充分尊重本地特色，维持本地生态系统功能特征，突出自然生态系统完整性保护、生物多样性可持续管理和生态修复，有助于适应性管理，提高应对基础设施建设和社会生产活动的风险。对生态保护的区域要做到应划尽划、应保尽保，一般包括自然保护地、饮用水水源地保护区、森林公园、湿地公园、禁止开发区域等重要区域，除这些区域外，根据生态功能重要性与生态脆弱性评估，将有必要实施严格保护的地区也纳入生态保护红线，保证生态系统完整性和生态廊道连通性。全国各地都在推进生态保护红线划定工作，深圳市在全国率先划定城市"基本生态控制线"，严格控制生态空间侵占，保护区域生态系统的完整、安全。如上海市将生态之城作为 2035 年规划的重要目标之一，构筑了市域"双环、九廊、十区"的生态空间体系，将全市域划分为四类生态空间，以对应不同的生态要素控制及管理要求（图 2-4）。湖北省咸宁市开展山体、林地、水体、湿地等生态资源普查、调查，制定实施保护和利用规划，划定保护线，形成保护名录，明确各类自然生态区域保护和管制要求。

图 2-4　上海市生态保护空间——奉贤新城
（引自上海市规划和自然资源局）

从严管控生态红线用途转换。生态保护红线划定后，严格控制人为因素对自然生态和文化自然遗产原真性、完整性的干扰，因国家重大基础设施、重大民生保障项目、重大战略资源勘察需要调整生态保护红线的，须经法定程序批准；严禁不符合主体功能定位的各类开发活动，确保生态保护红线生态功能不降低、面积不减少、性质不改变。生态保护红线划定后，相关规划要符合生态保护红线空间管控要求，不符合的要及时调整。生态保护红线是保障和维护国家生态安全的底线与生命线，空间规划编制要将生态保护红线作为重要基础，发挥生态保护红线的底线作用。生态保护红线以林地、草地、湿地和水域等生态用途为主，严格控制城乡建设用地、矿产开发用地与农用地无序侵占；生态红线内禁止生态空间违法违规转为城乡建设用途；控制城镇开发边界，鼓励向有利于提升生态综合功能的方向转换。

合理处理交叉重叠现象。生态保护红线存在与城镇开发边界、永久基本农田控制线等交叉重叠时，应加强生态保护红线和永久基本农田、城镇开发边界的交叉重叠情况的调查评估，明确交叉重叠面积和空间分布。对于生态保护红线与其他用地交叉重叠的处理，调整规则包括保留、调出和退出三种方式，生态保护红线与耕地交叉重叠时，采取耕地调出或保留处理；生态保护红线与建制镇用地交叉重叠时，建设用地以调出方式处理；生态保护红线与合法采矿权交叉重叠时，采矿权一般以调出或退出方式处理。加强生态保护红线与相关规划的协调性，分析生态保护红线划定过程中与城市总体规划、林地保护利用规划、矿产资源规划、旅游发展规划、基础设施建设规划等相关规划的衔接情况及处理规则。

北京市生态保护红线划定

为贯彻落实《中共中央办公厅 国务院办公厅印发〈关于划定并严守生态保护红线的若干意见〉的通知》要求以及习近平总书记视察北京系列重要讲话精神，北京市牢固树立新发展理念和底线思维，以保障城市生态功能和维护首都生态安全为主线，按照山水林田湖草系统保护的要求，划定生态保护红线。北京市生态保护红线面积 $4290km^2$，占市域总面积的 26.1%，呈现"两屏两带"空间格局。"两屏"指北部燕山生态屏障和西部太行山生态屏障，主要生态功能为水源涵养、水土保持和生物多样性维护；

"两带"为永定河沿线生态防护带、潮白河－古运河沿线生态保护带，主要生态功能为水源涵养。

按照主导生态功能，北京市生态保护红线分为 4 种类型：

（1）水源涵养类型，主要分布在北部军都山一带，即密云水库（图 2-5）、怀柔水库和官厅水库的上游地区。

（2）水土保持类型，主要分布在西部西山一带。

（3）生物多样性维护类型，主要为西部的百花山、东灵山，西北部的松山、玉渡山、海坨山，北部的喇叭沟门等区域。

（4）重要河流湿地，即五条一级河道及"三库一渠"等重要河湖湿地。

通过划定生态保护红线，强化生态底线管理，以资源环境承载力为硬约束，倒逼城市转型发展；设置城镇开发边界和生态控制线，实施两线三区空间管控；划定并严守生态保护红线，强化刚性约束。

根据国家规定，北京市生态保护红线严禁不符合主体功能定位的各类开发活动，严禁任意改变用途，确保生态功能不降低、面积不减少、性质不改变。生态保护红线划定后，只能增加，不能减少。

图 2-5　北京市生态涵养区——密云水库

2.2 培元：开展城市生态保护与修复

　　要提升生态系统质量和稳定性，坚持系统观念，从生态系统整体性出发，推进山水林田湖草沙一体化保护和修复，更加注重综合治理、系统治理、源头治理。

　　　　　　　　　　　——2021 年 4 月 30 日，习近平总书记
　　　　　在主持十九届中共中央政治局第二十九次集体学习上的讲话

　　城市生态修复要以满足居民生活生产需求和实现对美好生活的向往为出发点和落脚点，在生态现状摸底评估基础上，加强城市自然生态资源保护和修复。《标准》设置"湿地保护率""生态修复率""乡土植物苗木使用率"等指标，采取自然恢复为主、与人工修复相结合的方法，加强统筹修复山体、水体、废弃地、绿地系统等典型城市生态要素，提高各类生态要素的生态修复率，推广乡土植物苗木使用，恢复并提升城市生态系统净化环境、调节气候与水文、维护生物多样性、景观游憩等功能，促进人与自然和谐共生，避免过度修复和边修复边破坏，充分体现以人为本的近自然城市生态修复理念，探索形成"基于自然的解决方案"（NbS）的中国范式。

2.2.1 山体生态修复，打造城市生态屏障

　　各地在快速城镇化进程中对经济发展高度重视，忽视了经济与自然环境的平衡，造成自然资源无序开发利用，如开山采矿，造成山体大面积破损，不仅使得山体周围自然环境遭到破坏，而且易形成滑坡等安全隐患。城市山体修复对改善生态环境、保障城市地质安全起着重要的作用。山体修复是一个系统、综合、复杂的过程，《标准》设置"破损山体生态修复率"，引导各地加强实施山体修复，一般以恢复生态学理论为基础，从山体群落特征、植被覆盖度、物种多样性、景观效果等方面开展山体修复工作。

开展受损山体生态规划设计。 在生态环境本底评估基础上，识别山体破损区域与破损程度，寻找山体破坏成因，衔接城市绿地系统规划及公园体系规划，开展受损山体生态规划设计，对山体及山前空间整体统筹规划与整合利用，增加绿色游憩空间。根据山体破坏程度、类型、空间划分、地质结构稳定性和生物资源保护、景观美学需求等，基于山体生态规划方向，采取不同的山体治理措施，确定创面修复、退建还山和荒山绿化措施；同时，基于山体的自然地貌特征，制定合理的植被修复造景方案，利用景观生态工程，修复山体采石坑、废石堆、不稳定边坡；将山体与景观相结合，尽量保留山体原有植被，提高"乡土植物苗木使用率"，恢复乡土植被群落，实现山体景观承载地域文化价值、增加娱乐休闲价值、恢复生态自然价值等目标。

系统诊断、分类修复山体创面。 系统诊断山体损伤状况，分类施策。按照山体损伤成因与特点，分为矿山创面修复、修路切坡与工程创面修复等类型；针对因矿山开采所造成的山体损伤，应率先消除地质灾害隐患，进而采用适宜工程技术进行山体复绿；针对修路切坡等造成的山体损伤，由于其创面规模较小，可采用边坡治理的方式，逐步进行复绿，提高人车交通舒适度；对于建设工程造成的山体创面，应明确责任主体，根据损伤情况选择生态袋（毯）复绿、坑（槽）式复绿、复合复绿等山体创面修复技术。

优化植被群落结构提高山体植被覆盖。 根据土层覆盖厚度、山体坡度等山体自然条件，在可行范围内对山体生态系统进行科学修复，优化提升重点山体植被群落。对于植被覆盖度高的山体，采取封山育林、退耕还林等措施，将山体整体纳入生态红线进行统一保护，减少人为建设活动的干扰，以山体植被自然演替为主，加强生态过程监控。对于植被覆盖度中的山体，采用"自然演替为主、适当人为干预"的策略进行植被修复，通过补种林下小苗、播撒地被种子等措施逐步丰富山体植被结构。对于植被覆盖度低的山体，首先判断是否有条件进行植被修复，若条件允许，可采取"速生树种＋景观树种"的模式，通过人工补植、新植等措施，短期内实现绿量增长、景观效果提升；如条件不足，可作为独特城市景观进行打造，裸露的岩壁石林也是喀斯特地貌重要的景观特色，在保留原始山体的同时需对山体进行必要的工程加固。

张家口市山体植物群落生态修复

张家口市位于河北省西北部，北纬 39°30′~42°10′，东经 113°50′~116°30′之间，属于温带大陆性季风气候，四季分明。当地开矿以及土壤贫瘠导致的城市周边生态系统受损情况较为明显，故开展山体生态修复工作。

结合张家口地区气候特点和自然环境条件，遴选出适合本区域特征并兼顾坝上高寒区域特点的生态修复技术，分别是植物纤维毯护坡技术、台地续坡技术、客土喷播技术、框格客土绿化技术及近自然植物群落构建技术，开展应用示范（图 2-6～图 2-10）。

（1）砂石和石灰岩矿山废弃地等资源开发型受损斑块生态修复主要应用技术为植物纤维毯护坡技术、客土喷播技术。

（2）山体退化生境斑块生态修复主要应用技术为台地续坡技术、框格客土绿化技术和近自然植物群落构建技术。

（3）交通生态廊道修复主要应用技术为近自然植物群落构建技术。

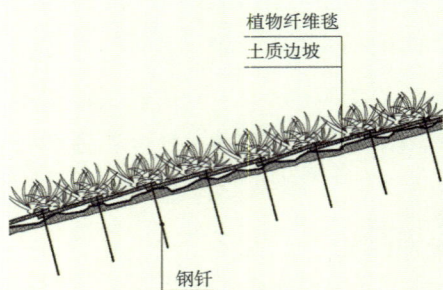

图 2-6　植物纤维毯护坡技术做法示意图

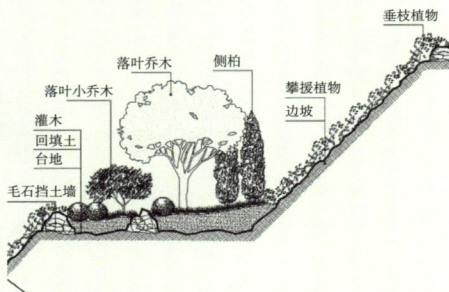

图 2-7　台地续坡技术做法示意图

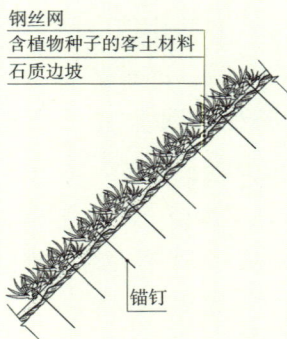

图 2-8　客土喷播技术做法示意图

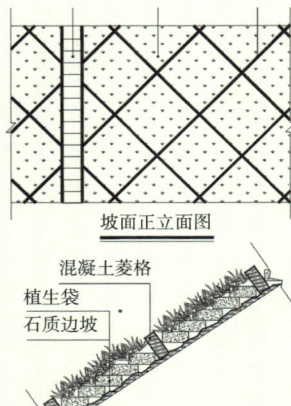

图 2-9　框格客土绿化技术做法示意图

图 2-10　近自然植物群落构建技术做法示意图

资料来源：中国城市建设研究院有限公司

2.2.2　水体生态治理，增添城市诗意灵韵

　　水系，是城市生命体的有机组成部分。在公园城市建设过程中，充分体现海绵城市建设理念，加强城市水体生态修复，一般从城市整体水资源控制、重要河湖水系管控与治理、湿地修复利用等方面开展；重点关注城市河湖岸线保护，提高"水体岸线自然化率"，使得河湖水岸在满足防洪、排涝等水工（水利）功能要求的基础上，岸体构筑形式和材料符合生态学和景观美学要求，岸线模拟自然形态，体现公园城市建设的生态智慧；推进水体治理，提高水质，改善水生态环境；加强对城市湿地的保护和管理，采取生态修复措施，提升城市湿地生态质量，发挥城市湿地调节气候、休闲游憩、科普教育等功能。

　　实施海绵城市建设。公园城市建设充分体现"海绵"理念，综合采取渗、滞、蓄、净、用、排等措施，加大降雨就地消纳和利用比重，降低城市内涝风险，改善城市生态环境。加强河湖水系及周边环境综合整治，提高水系连通性，打通中心城区断头水域，充分利用城市再生水、雨水等非常规水资源对河道进行生态补水，维持河道水质，营造更好的河湖生态环境；同时，加强推进生态清洁小流域建设。

　　保护城市重要河湖蓝线。明确河道水域的范围、边界和规模，以河湖蓝线为基础落实河长工作制，严格执行水资源管理、河道岸线管理和水生态治理。开展河流水系综合治理，加大生态岸线修复，优化堤防布置，提高"水体岸线自然化率"。

加强水生态环境治理。加强地表水环境治理，促进黑臭水体治理。依据河湖水文及生态保护需求，采用水系沟通、水量调配、生态补水等措施，缓解河湖污染状况，保障河湖生态用水。对生态环境脆弱地区，严格控制水资源开发利用活动，通过调整产业结构和实施跨流域、跨区域调水等措施，逐步退还挤占的生态环境用水，积极修复河湖生态环境，全面提高地表水IV类及以上水体比率，以全面提高"水体治理和修复率"。

促进湿地生态修复与综合利用。对已遭到不同程度破坏的湿地生态系统进行恢复、修复和重建，对功能减弱、生境退化的各类湿地采取以生物措施为主的途径进行生态恢复和修复，对类型改变、功能丧失的湿地采取以工程措施为主的途径进行重建。遏制湿地资源退化的趋势，使湿地生态系统功能效益得到正常发挥，实现湿地资源的可持续利用。以现有的湿地景观为基础，以湿地文化为依托，以湿地观光、湿地休闲体验、湿地文化游为主体，开展湿地科普教育和生态旅游。加大湿地生态预测与预警体系建设力度，实现数据信息共享。

白银市东大沟河道重金属污染治理工程

白银市矿产资源丰富，开采历史悠久。粗放的有色金属采选和加工工艺导致工矿企业在采矿、选矿、冶炼等过程中产生了大量重金属废水，当时污水处理设施的陈旧、设备老化、处理工艺落后、设计规模小、污水处理未达标排放等诸多原因，造成了几十年来大量重金属污染物未经处理或处理未达标就直接排入东大沟，并流入了黄河。

项目技术特点：

（1）分段、分层设计

针对东大沟河道底泥的重金属污染问题，项目建设内容包括 26.0km 河道重金属污染底泥治理工程、河道整治工程、河道生态恢复工程以及底泥处置填埋场工程。沿东大沟河道流向，基于分段、分层计算的原则，结合样品点位分析检测结果和地质填图结果，计算得到重度污染底泥和轻度污染底泥的清理方量分别为 5.21 万 m³、3.14 万 m³，总污染底泥清理方量为 8.35 万 m³。除此之外，还包括 4.6km 河道整治工程，按照相应防洪要求设置防洪堤线和水面线，并进行该河道生态恢复工程的建设等。

（2）充分利用项目区原有条件进行节约型工程设计

项目设计过程中轻度污染底泥经过晾晒、破碎后，进行加药搅拌机养护后，使其重金属浸出满足现行《地下水质量标准》GB/T 14848 中地下水质量分类规定的Ⅲ类标准，检测合格后，主要用于河道边坡的回填综合整治；河道中清理出的石块经过高压清洗后，暂存在河道周边，用于后期河道边坡的回填整治。经测算，本项目轻度污染底泥加药固化稳定化处理后的污染底泥体积共计 2.64 万 m³，此部分处理后底泥的有效利用，既有效降低了对配套填埋场库容的需求，进而降低了填埋场的建设成本，同时又降低了河道边坡回填材料外采需求，进而降低了外采材料的购置费用。

项目效益及影响：

解决了白银市东大沟历史遗留重金属污染问题，有效控制重金属污染，保障黄河水质安全，改善 8350 多亩受重金属污染土地的土壤环境，建设恢复约 2300m² 人工湿地，形成了特色鲜明的生态廊道，成为黄河水环境安全绿色屏障（图 2-11）。

图 2-11　白银市东大沟河道重金属污染治理工程

资料来源：中国城市建设研究院有限公司

2.2.3　棕地复垦修复，营造优美生态空间

随着社会经济的发展，矿山废弃地生态修复理论与实践已成为各国共同研究的热点。废弃地指因采矿、工业和建设活动挖损、塌陷、压占（生活垃圾和建筑废料压占）、污染及自然灾害毁损等原因而造成的不能利用的

土地，也包括因自然灾害等原因造成自然地形和植被受到破坏而弃置的土地；应科学分析废弃地的成因、受损程度、场地现状及其周边环境，运用生物、物理、化学等技术改良土壤，消除场地安全隐患；并选择种植具有吸收降解功能、抗逆性强的植物，恢复植被群落，重建生态系统。废弃地的修复效果以提高"废弃地生态修复率"来衡量。

废弃地复垦修复适宜性评价。废弃地的生态修复，应首先对其复垦修复的可行性与适宜性进行论证和评价，评价的关键和难点在于评价指标的构建和测算结果的应用。首先深入研究区开展调查和摸底，归纳梳理废弃地场地历史变化情况、地质条件、地形地貌、社会经济条件，分析复垦修复的可行性。根据不同的损毁类型确定生态修复的实施范围，按采矿塌陷、煤矸石堆码等划分评价对象，以便分类开展评价。依据评价对象的具体情况，构建如土地损毁程度、基底岩层、土壤质地、水源条件、村民意愿、交通状况等评价指标体系，并对修复场地范围内的土地使用影响因子进行分析。然后对不同指标进行权重赋值，根据调查所得的指标值进行测算，再基于评价结果提出复垦修复的方向，宜耕则耕、宜林则林。

精心设计废弃地生态修复技术策略。废弃地的类型多样，其修复对象有不稳定山体、破坏的破碎地块、水体区域、生产痕迹和被污染地表、受污染的土壤等。多元化设计废弃地场地利用，一方面，可以对废弃地现有构筑物进行有效整合，形成特殊景观，如打造以展示煤炭开采全过程为主题的矿山公园，这种利用方式可以整体保留其厂房、设备及构筑物等，同时也可以利用场地内的废弃材料设计创造出一些独特的雕塑等，从而实现废弃物质的再利用；另一方面，由于废弃地中的一些矿山材料和构筑物反映了煤矿采掘等历史事件的重要特征，在保证生态环境不会受到二次破坏的前提下，可以对其改造利用，形成主题特征的历史文化景观。

废弃地景观营造。从自然景观打造着手，优选生长快速、适合当地特色、固氮能力强且能抗寒、抗旱的栽种植物，设计适应当地特色的景观。在人文景观方面，利用废弃地留存的构筑物、设施设备等打造体现文化特色的旅游场地，如采煤设备雕塑群、采掘工具展示厅等。南宁园博园就是通过生态修复，打造出独特特色的矿坑景观，通过生态修复对园内 7 处废弃的采石场进行复绿留景，恢复生态，变废为宝，形成国内独具特色的矿坑采石场生态修复示范园，展现险峻崖壁、丛林飞瀑、工业遗存、自然野趣等特色景观，实现生态修复和园林艺术的融合。

第十一届江苏省园艺博览会主展馆区修复改造：南京东部"新地标"

第十一届江苏省园艺博览会选址在南京江宁区汤山温泉旅游度假区附近，旨在发挥其辐射带动能力，引领南京东部地区的全面发展。园博会主展馆区选址是昆元白水泥厂和银佳白水泥厂遗址，于 2017 年入选《南京市工业遗产保护规划》的工业遗产保护名录，是最年轻的工业遗产。主展馆区是四大景区之一，是开园后建成的两个景区之一，是主要承载游客的区域（图 2-12）。

建筑保留了原始建筑遗迹的空间结构与竖向关系，整个片区呈现东西横向的空间特征，新建建筑在原有横向的肌理上叠加入整体片区，场地开始呈现横纵交替的空间特征。景观设计依托整体的建筑规划布局，强化了南北纵向线性空间的引导作用以及东西横向的参观游览作用，并根据新建和保留建筑不同功能形成四块功能区域。

（1）整体统筹景观序列，保留厂区工业风貌，四大区域各具特色

①空间结构：从人文到自然，整体形成主展区、遗址花园街区、酒店花园区、放松花园区的四大区域。

②园区风貌：改造尊重原有场地高差以及厂区空间结构肌理和风貌，在留住老工业的历史记忆的前提下，增添新活力。

③建筑改造：尊重原有工业肌理的基础上，注入多元的文化展示、办公、餐饮等各种功能。

（2）修复生态系统，整体统筹雨水利用，构建多层次的"立体森林"整体风貌

①新增绿地，改善下垫面：增加透水下垫面及新增绿地 5hm²。

②植物种类：全区种植 60 余种植物，高于 80% 的本土植物应用。

③提高绿化覆盖率：大于 75% 的全区总体绿化覆盖率，45% 的建筑覆盖绿色屋顶。

④强化立体绿化：30% 的新建建筑立面增设垂直绿化及攀爬植物，7 组筒仓及其他建筑屋顶组成大量屋顶花园。

⑤雨水回收利用：利用园区高差，组织汇水 7.8hm²，收集水量 700m³，

统一净化回收利用。

（3）细节加深独特记忆，融合历史价值与现实意义

①混合场地废弃物形成不同形式及颜色的混凝土广场、庭院、景墙、小品，让游人感受水泥在生活中的作用与意义。

②以混凝土及绿色生态为主题的酒店，形成特色体验新地标。

③"南京时"钟表地面雕塑、诗文雕刻、榫卯座椅、江苏特色铺装、特色植物搭配等处处传达地域文化，展现地方特色。

④关注工人群体并培养其热爱工作的自我意识，结合1.2km石笼挡墙，引导工人与设计师共同完成"基因"墙艺术装置，共同书写场所记忆之墙。

⑤声、光、电融入景观使场景更富活力，增加多重体验。

（4）产业重构，营造健康、绿色的潮流生活

①创新产业发展：聚焦文旅＋、文化创意、特色住宿和数字产业。

②文化创意产业：在园区内举办浪漫烟花季、冰雪嘉年华、吴为山雕塑展等各类商业及艺术活动，融入相机艺术馆、可口可乐品牌馆、时仓展馆、先锋书店等各类文化品牌，聚集人气并创造收益。

③特色住宿产业：以珺懋傲途格精选酒店、园博园悦榕庄等各类特色主题酒店带动文旅融合和衍生产业发展。

④美食产业：引入美食艺术馆、花厨、七分甜、illy咖啡工坊、酒店特色餐饮等各类餐饮业，适应不同人群的需求。

⑤购物产业：与文化创意、特色住宿、美食产业等相结合，形成特色的体验式购物。

⑥数字产业：与文旅＋结合，形成影像园博、数字园博，为数字新技术提供产业应用场景。

图2-12　江苏省园艺博览会主展馆区建成实景

资料来源：中国城市建设研究院有限公司

2.2.4　绿地系统提升，提升城市功能品质

城市绿地是城市生态系统中一类重要的多功能组分，发挥着重要的生态、休闲、娱乐等功能，能够改善城市居民生理及心理健康状况，缓解工作压力，增强幸福感。公园城市建设，坚持以人为本，"人民城市为人民"，要实现绿色空间福祉的共享，通过优化绿地格局来提高"生态连接指数、生态边缘密度"，探索绿地空间品质提升、绿地复合功能利用路径，有效解决城市绿地空间布局不均衡、人地矛盾突出、环境品质低等问题。

促进绿地空间格局优化。重点关注城市绿地系统格局的优化，均衡布局，实现城市居民"推门见绿，移步入园"。完善城市的公园体系，建设不同类型、不同主题、不同规模的公园，满足百姓游憩需求。打破"蓝、绿、灰"空间界限，促进多元空间协同融合，建设"绿地 + 水系 + 慢行"高效衔接的绿色空间体系，优化城市开敞空间结构布局，促进生态系统的连通，提高"生态网络连接度"。

加强绿地空间品质提升。城市公共空间的品质直接关系到一个城市的规划建设和管理水平，并影响着居民的生活质量。全面分析城市绿地空间现状问题及影响空间品质的因素，从景观介入角度出发，提升绿色空间景观多样性、文化内涵，增加乡土植物的使用，充分体现地方特色。提高居民参与性，推广公共空间参与式景观更新途径，充分调动居民积极性与热情，为空间景观提升与营造提供新的灵感与创意，也彰显地区居民生活特色。注重绿地场景的营建，营造以多元体验为特征的社区生活场景，引导居民绿色低碳生活方式，满足市民对美好生活的追求。

注重绿地复合功能发挥。优化平衡绿地布局，注入空间多元要素，不断提高绿地的复合功能，包括游憩、景观、碳汇、水源涵养等功能。在快速城镇化进程中，实现用地功能复合，能够为我国土地资源有限而城市绿地空间寻求拓展的发展矛盾找到解决途径，推进城市绿地进一步整体优化。从功能角度探索绿地对城市发展的贡献，突破绿地总量指标的制约，寻求更合理的绿地布局结构；从立体维度扩展绿地研究范畴，丰富绿地空间形式，增强绿地功能载体作用。依托绿地复合功能，推动建设全龄友好包容型社会，充分发挥绿地多元功能，满足各年龄阶段人群的需求；聚焦"一老一小"和特殊群体，把人文关怀渗透到城市绿地空间"规建管运"各个环节，加快推动儿童友好型社区建设和公共空间适老适残化改造。绿地空

间功能复合，可以通过与居住功能复合、公共服务功能复合、工业功能复合、公用设施功能复合等形式来实现，具体实现途径有多样化途径（功能多样）、立体化途径（空间利用率最大化）、同享化途径（提高开放性）和交错化途径（功能混合交替）。

无锡市区园林绿地系统改造提升

无锡市大力实施"江苏省美丽宜居城市建设"试点专项"无锡市区园林绿地系统改造提升"研究项目，扎实推进美丽无锡建设。项目实施过程中积极发挥智库作用，将数字化技术全局贯穿绿地系统改造提升，通过面上和抽样评估，定量分析园林绿化建设管理工作成果，并明确提升方向，提出下一步建设措施，对症下药，精益求精，形成了"数字赋能，以评促改，科学更新"的模式，有效推动蓝绿融合、民生为本、文化为源的绿地系统改造提升，率先领跑了美丽中国、美丽江苏在无锡的生动实践，越来越多的市民享受到"家门口"的绿色福利，生态园林获得感不断提升。

（1）蓝绿融合，铸就太湖明珠的生态空间

基于《无锡市国土空间总体规划（2021~2035年）》，构建"北滨长江、南抱太湖、河荡纵横、圩田环绕、城绿相融"的生态安全格局，划定生态空间保护区域1324.7km^2，在中心城外围，有效控制对传统农业耕作区、自然村落、水体、丘陵、林地、湿地的开发，建设城市北部的生态公益林、森林公园、河道水网防护林等，保护城市绿脉。严控格局，传承山水脉络。强化自然山水与城市空间布局的协调，沿梁溪河、京杭运河等水系两侧设置绿带，依托太湖湖滨、入湖河道，整合滨河绿地与湖滨公园，形成环太湖湿地生态系统，建成环蠡湖38km开敞式公园等大型生态公园（图2-13），构建了水绿一体、层次丰富、可持续发展的蓝绿空间格局。

构建公园体系，促进功能多样化。充分利用无锡市自然禀赋与文化资源，打造了"生态公园－综合公园－社区公园"三级公园体系，形成了以森林公园、郊野公园、湿地公园为代表的郊野绿色空间，特色各异、主题突出的城市综合公园，星罗棋布的社区公园和小游园环环相扣的公园层级划分，使公园服务的多样性进一步提升（图2-14）。

图 2-13 环蠡湖滨水生态公园

图 2-14 友好园完成小游园提升改造

（2）民生为本，营造舒适便捷的游憩空间

无锡市坚持倡导"民生为本"的发展理念，将公众参与融入绿色空间的规划、建设和管理全过程，通过"织补、改造、活化"的方式，构建绿地 10min 服务圈，实施老旧公园更新，推进"公园+"实践，游憩空间品质不断提升，为居民就近打造了有活力、有温度的绿色生活空间（图 2-15）。

图 2-15 南湖大道口袋公园与吴桥枫叶园

（3）文化为源，彰显美丽无锡的风貌空间

无锡市始终注重传承、发扬自身特有的文化符号，保护城市历史文脉，充分挖掘、整合丰富的历史和文化资源，打造特色景观长廊，依托"美丽河湖""美丽街区"建设特色文化空间，提高公园文化品位和内涵，建设具有全国影响力的山水文化名城。发掘无锡文化历史价值，大力弘扬无锡文化独特个性，形成了一批以太湖山水、运河名城、江南水乡为文化内涵，以结构性绿地空间为载体，凸显无锡山水城市特色风貌的标志性公园绿地，如渔父岛、渤公岛生态公园、蠡湖公园、蠡湖中央公园等（图2-16）。

图2-16　渤公岛生态公园

资料来源：无锡市市政和园林局

2.3　赋能：提高城市生态系统服务功能

坚持山水林田湖草系统治理，着力提高生态系统自我修复能力和稳定性，守住自然生态安全边界，促进自然生态系统质量整体改善。

——《中华人民共和国国民经济和社会发展第十四个五年规划和2035年远景目标纲要》（2021年）

以公园城市建设为抓手，通过生态资源保护与城市生态修复工作，推动城市生态系统服务功能与价值持续提升，维持生态系统健康、稳定和安全以及城市的绿色、可持续、高质量发展。为更好地发挥生态系统服务功能，可以从提升生态产品供给能力、增强生态系统调节服务和强化生态系统文化服务几个方面来开展工作。

2.3.1　加强生态产品供给及价值提升

联合国千年生态系统评估（The Millennium Ecosystem Assessment, MA）[1]指出，生态系统供给服务是指从生态系统中获取的产品，如食物、木材、药材、纤维、淡水、燃料等。公园城市建设的宗旨目标是以人为本，满足人民对美好生活和优美生态环境的向往和需求，生态产品生产、增值和价值实现是保障人民美好生活的基础物质条件。提高生态产品供给服务能力要科学划定生产、生活和生态空间，为生产生态产品提供必需的空间条件，加强生态产品品牌保护与宣传等。

丰富生态产品供给。生态系统供给服务与人类生产生活密切相关，基于"山水林田湖草"等生态资源保护与修复，全面提升生态系统的供给能力；利用修复后的空间资源，宜林则林、宜草则草、宜湿则湿，丰富淡水、燃料木材、纤维、湿地公园、郊野公园、绿道、碧道等生态产品供给，满足城市居民生产生活需求，"保护生态环境就是保护生产力，改善生态环境就是发展生产力"，也进一步印证了生态系统供给服务与人类社会的直接关系。根据各类生态产品特点，在保护优先的前提下，通过细化完善有助于生态产品价值实现的配套政策，保障生态产品开发经营，推动绿水青山向金山银山转化。

促进生态产品价值增值。通过提升生态产品品牌知名度、影响力，加大生态产品价值转化力度。中共中央办公厅、国务院办公厅印发的《关于建立健全生态产品价值实现机制的意见》提出鼓励打造特色鲜明的生态产品区域公用品牌，将各类生态产品纳入品牌范围，加强品牌培育和保护，提升生态产品溢价。除通过生态产品本身价值增值以外，还可积极发展生态旅游，以旅游产业带动生态产品经济效益提升。

---

[1] Millennium Ecosystem Assessment. Ecosystems and human well-being: biodiversity synthesis[R]. Washington DC: Island Press, 2005.

贵州省逐步推进乌蒙山区山水林田湖草生态保护修复，威宁县草海北岸集雨区面山植被恢复工程提升生态产品供给服务价值

草海是贵州省最大的高原淡水湖、国家级自然保护区、国家一级保护动物黑颈鹤之乡，在"中国生物多样性保护行动计划"中被列为一级重要湿地。草海北岸介于城市与草海之间，兼具生态隔离廊道、城市与自然缓冲区、城市生活休闲界面等多重身份，是协调区域社会经济发展与草海自然保护的重要区域。但草海北岸属于典型的喀斯特地貌，并且受青藏高原隆升而诱发的地质生态灾害影响，岩层石漠化十分严重，导致出现生态系统稳定性差、抗逆性弱、脆弱性强等一系列问题，严重影响了草海区域生态功能的维持与调节。

针对草海北岸存在的生态问题，重点在土壤改良、水土保持、植被恢复三个方面采取了一系列科学有效的生态修复措施。结合场地现有资源，采用原表土掺拌有机混合物的方式改善土壤透水性。在尽量保留原生植被的基础上进行植被恢复，采用铺设生态草毯的方式保护栽植植被，减少雨水冲刷；局部区域采用 CBS 植被混凝土绿化技术，用喷播方式进行坡面绿化，减少岩层风化崩塌的危险等。深入研究适应当地生长环境的树种，尽量保留原生乔木林，以近自然的种植方式，采用群落化栽植，模拟草海地区原生植物群落，"宜林则林、宜灌则灌、宜草则草"，最大限度还原高原丘陵景观风貌。同时减少大面积铺装，通过树阵增加广场覆盖度，将建筑色彩掩映在绿色之中，最大限度增加植物栽植量，提高植被覆盖率。在景观层面，通过配植秋色叶树种、常绿树种以及开花树种，营造出层林尽染的自然风景林景观。

草海北岸集雨区面山植被恢复工程目前已取得非常显著的生态修复效果，提高了森林覆盖率，防止了水土流失，丰富了物种多样性，增强了生态系统稳定性，在城市与草海之间构建了充满生机与活力的生态有机屏障，共计栽植常绿针叶、常绿阔叶、落叶针叶、落叶阔叶四大类 54 个品种，其中大树 5.2 万余株，灌木、地被 4 万余株，森林覆盖率从原来不到 10% 迅速提高到了 70%。草海北岸的层林尽染与草海的水天一色遥相呼应，形成了整体统一的自然生态景观，目前前来草海越冬的黑颈鹤达到 2500 余只，加上灰鹤、斑头雁等，候鸟总数超过 10 万只，呈现万鸟翔集的生态景观，其优美的景色吸引了众多的游客前来观赏，带动了城市旅游业和相关产业发展，草海北岸已成为"威宁后花园"和"网红打卡地"，提高了生态产品的供给服务价值（图 2-17）。

图 2-17　草海北岸集雨区面山植被恢复工程实施前后对比

资料来源：中国城市建设研究院有限公司、中外园林建设有限公司

2.3.2　协同提升生态调节功能

　　MA、生态系统与生物多样性经济学（The Economics of Ecosystems and Biodiversity，TEEB）、SEEA 试验性生态系统账户中确定的生态服务通用国 际 分 类 体 系（Common International Classification of Ecosystem Services，CICES）等提出生态系统调节服务包括调节气候、净化大气、固碳释氧、涵养水源、净化水质等。良好的空气、清洁的水源等是与人类生存最息息相关、最基本的需求，公园城市建设围绕"人、城、园"三元素重点开展，其中"园"的宗旨目标是实现山清、水秀、地绿、景美、空气清新，《标准》通过设置"生态网络连接度、生物多样性保护、城市热岛效应"等指标，统筹城市生态网络体系建设，并结合山水林田湖草生态修复工程等，增强生态系统调节服务，为公园城市建设打好生态基底，逐步缓解城市化过程、人类干预等带来的生境破碎、生态功能减退问题。

　　充分发挥生态系统调节服务功能。生态系统的调节服务与人类社会的持续发展紧密联系，在人口增长、城市化以及气候变化影响的背景下，生态系统的固碳释氧、涵养水源、水土保持、净化水质、生物多样性维护等调节与支持服务，对于人类社会发展和维持生态安全的作用日益显现，甚至变成稀缺资源而必须加以重点保护和管理。应整合城市发展与生态资源，加强综合评估与保护修复，促进生态环境建设，提高生态资源对城市发展的支持、调节能力，维护城市生态安全，在更高水平上实现城市与自然的平衡。

　　促进生态系统服务能力协同提升。生态系统各种服务之间不仅存在两两相互作用，还以服务簇的形式呈现多种生态系统服务的复合关系。统筹规划布局城市蓝绿空间，在充分发挥单一生态要素服务功能的同时，也应促进多种生态功能的协同提升，如通过合理设置蓝绿空间占比，优化蓝绿空间结构，使得河湖水系的水源涵养、气候调节等功能与绿地固碳释放、净化大气等功能同时达到最优化。加强对生态系统服务调节、支持服务功能的全面认识，分析其变化规律，利用生态系统服务功能特征来应对气候变化等自然灾害，"尊重自然、顺应自然、保护自然"，发挥生态系统对城市社会经济发展的主观促进作用。

北京市顺义区高丽营镇林地生态系统规划

随着公园城市试点在全国展开，落实"两山"理念，助力绿水青山蓝天成为首都底色，成为北京市生态文明建设的有力支撑。而二绿地区环绕首都核心区，其绿色空间高质量建设，正是实现首都生态安全、绿色发展的重要途径。因此在《顺义区高丽营镇国土空间规划（2020 年～2035 年）》编制过程中，针对高丽营镇域绿色生态空间中林地生态空间开展专题研究，通过评估其生态基底状态，优化空间要素结构，提升生态系统功能，服务首都生态文明建设，高质量落实二绿地区减量提质规划要求，打造二绿地区村镇全域生态化建设新范式，探索二绿地区减量提质实施途径。

根据镇域国土空间规划的总体结构，综合考虑高丽营镇域森林空间所处位置及不同功能，将森林要素划分为"生态之森、活力之森、动力之森、安全之森"四个类别，共 16 种类型，形成覆盖新城、镇、村内外的全域森林要素体系（图 2-18）。同时，对高丽营镇域林地生态空间的"生态基底 - 空间格局 - 服务功能"进行综合评估，系统分析全镇森林斑块规模、布局现状、生态功能等现状情况，为镇域规划奠定基础，为生态资源、生态要素保值、增值奠定基础，切实保障公园城市绿色发展。

（1）森林生态基底评估

结合高丽营镇遥感影像数据、全国第二次土地调查、全国第三次土地调查以及高丽营镇造林空间、林地普查等相关数据，选取影响林地生态系统脆弱度的环境因子、状态因子、干扰因子等共 25 个指标进行评估，系统分析森林斑块规模、布局现状、植被衰退情况、林地生态系统脆弱度等基底状态，并根据镇域现状生态基底的不同条件，提出"森林＋河道""森林＋

河渠""森林＋村镇"的分类生态修复规划策略,推动高效率、高协同的林地生态系统修复(图 2-19)。

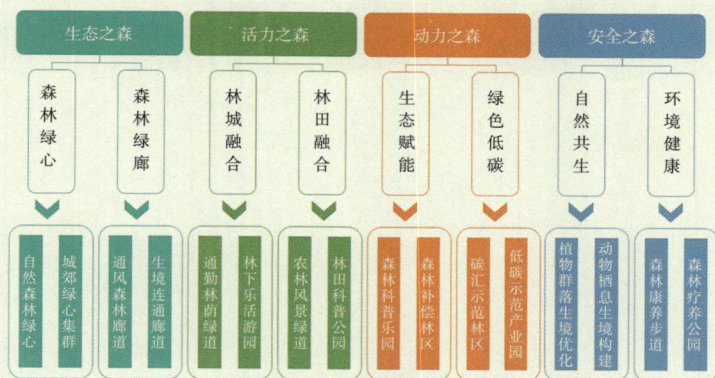

图 2-18 全域森林要素体系

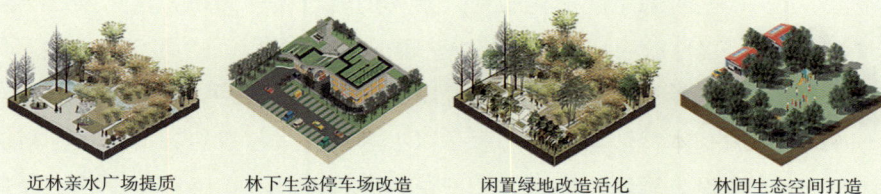

近林亲水广场提质　　林下生态停车场改造　　闲置绿地改造活化　　林间生态空间打造

图 2-19 "森林＋村镇"生态修复策略

(2)森林空间格局评估

系统分析森林破碎度、连通度,并结合森林生态基底评估,识别生态源地,筛选林地生态空间核心区,通过腾退用地增绿复绿、增补森林连接破碎斑块、核心森林斑块优化提质等措施增补生态源地、生态踏脚石、断裂点,构建连通二绿地区生态廊道的"区域连通型"生态网络及由"骨干－重要－一般"三级生态廊道组成的"城镇覆盖型"生态网络。

(3)森林生态系统服务价值评估

系统分析全镇生态系统服务功能价值,量化 9 项子项指标,明确高丽营镇较高的生态价值和提升空间。同时,针对高丽营镇作为河西地区碳排碳汇核心承载体的特色,构建"碳排－碳汇－碳平衡"三级评估体系,通过系数法对镇域碳排、碳汇量进行评估,提出以建设用地的腾退增补林地,以乡土树种为基底、高碳汇植物为核心,以"乔－灌－草"复层结构构建高碳汇森林群落的措施,提升林地碳汇潜能,在实现生态系统保值的基础上提升综合价值(图 2-20)。

图 2-20　高碳汇林地群落策略

资料来源：北京林业大学

2.3.3　强化生态系统文化服务

生态系统文化服务是指人们通过精神满足、认知发展、思考、消遣和美学体验而从生态系统中获得的非物质收益[①]，即优美的生态环境可为人们带来景观美学、休闲游憩以及教育科普等感官与体验价值。公园城市建设的基本特征与核心理念是以人为本，人与自然和谐共融、相辅相成，通过建设公园城市提升人民群众的获得感、幸福感和安全感。提升生态系统文化服务价值主要从两方面开展工作：

提高生态系统景观美学、游憩价值。 自然山水景观、城市公园绿地景观、人文历史遗产等为人们提供了视觉感官上的审美享受，丰富了精神文化生活。为持续发挥生态系统所提供的美学与游憩价值，首先应开展森林、草地、湿地等生态系统美学价值评估，科学认识其美学价值潜在、低估和未发觉的价值，以评估结果为导向，保护和合理利用景观资源，尤其是注重自然山水资源、文化遗产的原真性保护。其次，通过合理规划和设计手段，充分利用自然景观、文化遗产等景观特色优势，推广生态旅游、农（林）业观光旅游，充分挖掘和实现自然景观、农林生态系统文化服务价值，提升生态旅游核心竞争力。

注重公众参与，提高科普教育价值。 充分借助世园会、园博会等活动举办，以及在植物园、动物园等特色专类公园建设中，探索建立生态文化教育科普示范基地，切实增强市民保护生态环境的责任意识和担当意识。

---

① Millennium Ecosystem Assessment. Ecosystems and human well-being: biodiversity synthesis[R]. Washington DC: Island Press，2005.

成都大熊猫繁育基地注重生态系统游憩与科普教育

成都大熊猫繁育研究基地坚持科研旅游并重的指导思想，形成"产、学、研、游"一体的可持续发展模式，以造园手法模拟大熊猫野外生态环境，大熊猫产房、熊猫饲养展示区、科研中心、熊猫医院分布有序，若干处豪华熊猫"别墅"散落于山林之中。不同年龄段的大熊猫在这里繁衍生息，长幼咸集，其乐融融。基地 2006 年被评为国家 AAAA 旅游景区，2019年接待中外游客超 900 万人次。

成都大熊猫繁育研究基地于 2000 年率先引入国际保护教育理念，在全国野生动物保护系统最早设立了专职科普教育部门。多年来，基地充分利用自身丰富的科普教育资源和人才优势，致力于开展科普活动实施、科普展览展示策划、科普场馆运营、科普传播推广等方面工作，积极向海内外公众传播以大熊猫为载体的生物多样性保护理念。近 10 年来，线下直接受众达 1.2 亿人次，线上受众超过 10 亿人次，建成了具有国内外领先水平的保护教育机构，先后被授予"全球 500 佳""全国科普教育基地""国家生态环境科普基地""学习强国科普基地""国家青少年自然教育绿色营地""全国中小学研学基地"等称号；获得"全国科普工作先进集体""2021 年度全国学雷锋志愿服务'四个 100'先进典型"等荣誉（图 2-21）。

图 2-21 成都大熊猫繁育研究基地科普教育

资料来源：成都大熊猫繁育研究基地

第 3 章

人居环境美好

"以人为本，满足老百姓对美好生活的向往"是公园城市建设的出发点和落脚点。《标准》以引导公园城市建设中突出强化生态基础建设及其品质提升、功能完善为初衷，设置了公园体系、绿道网络、绿化环境、职住环境、示范片区5大维度评价指标（图3-1）。围绕这些指标，本章将从公园体系构建、绿色空间品质和功能提升、职住平衡的美好生活空间打造、公园城市示范片区建设4个方面展开叙述，旨在从数量到质量全方位引导城市建设完善结构性绿地，保障绿色生态空间与人口规模相匹配的总量和合理布局，从而全面提升城市绿色共享空间的功能与服务水平，提升老百姓对日常生活品质和生态产品供给的满意度、获得感和幸福感。

图3-1 人居环境板块评价内容

3.1 布点织网：织就连通城市内外的绿色网络

增强城乡绿地的系统性、协同性，构建绿道网络，实现城乡绿地连接贯通。加大城乡公园绿地建设力度，形成布局合理的公园体系。
——《国务院办公厅关于科学绿化的指导意见》（国办发〔2021〕19号）

完善城市结构性绿地是从城市绿色基础设施角度满足人民群众日益增长的美好生活需要的重要举措。《标准》对公园体系规划建设、公园的数量和布局、绿道的规划等都提出了明确考核指标，旨在引导各地方政府以为民服务为根本，重视公园体系的规模结构、布局结构和类型结构，在保障城市绿色生态空间与城市人口规模相匹配的总量和合理布局的基础上，建立完善分级分类的公园体系，构建内外连通的绿道网络，打造蓝绿交融的绿色本底，最终形成"点、线、面"融汇交织的绿色网络，全面提高绿色共享空间的功能与服务水平，从而提升老百姓对日常生活品质和生态产品供给的满意度、获得感和幸福感（图 3-2）。

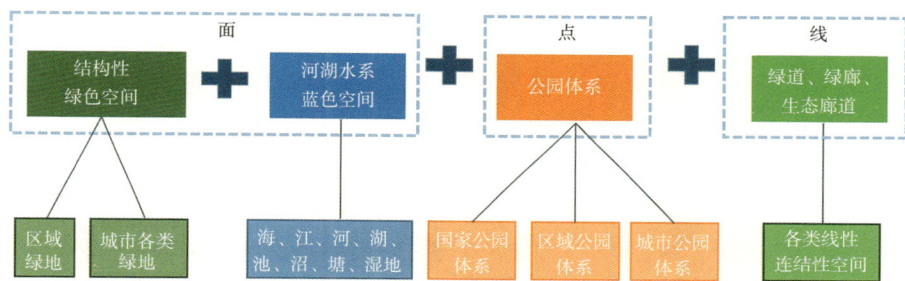

图 3-2　公园体系的构成生态网络体系示意图

3.1.1　建立分级分类的公园体系

公园体系构建的目标就是要以自然生态本底为基础，将城市建设用地中的综合公园、社区公园、专类公园、游园等和非建设用地中的郊野型公园进行整合，响应老百姓需求和城市发展需要，并突出地域风貌和城市个性、层次分明、类型齐全、数量达标、分布均衡、功能完备、品质优良，达到"出门见绿、步行入园"，实现绿色福利各类人群公平享受。

开展公园现状摸底评估。通过广泛调研收集现状公园名录和相关数据资料，对公园数量、类型、建设情况、服务能力等各方面进行全面摸底评估，根据各级各类公园所在区位、服务对象对公园的可达性、服务半径覆盖率、人均公园绿地面积等指标进行计算，通过问卷调研对公众满意度情况进行测评，诊断问题、识别短板，为公园体系规划编制奠定基础。

编制公园体系规划。公园体系规划要注重系统性、协同性和可持续性，充分发挥规划的引领作用，根据城市特点、发展目标和公园现状摸底评估结果，确定规划目标和重点内容。在编制公园体系规划过程中，应落实上位规划，并与同级规划相衔接。统筹考虑"人、城、园"的关系，因地制宜确定公园分级分类和总体布局，并通过绿环、绿带、绿道、绿廊等各类"线性空间"有效连通，从而组成一个完整的空间网络，提升公园体系综合服务能力。

分阶段实施公园体系规划。公园体系规划应明确公园规划建设时序，确定近、中、远期建设目标和任务。明确公园体系规划实施、可持续发展和管理的保障措施，提出公园体系创新发展的体制机制与政策建议。通过公园体系规划的落地实施，真正形成能够满足公众多维需求、促进城市高质量发展的绿色生态空间系统。

咸宁市全域公园体系

2018 年，咸宁市委、市政府立足生态本底优势和城市特质，提出"构建咸宁市全域公园体系"。咸宁市全域公园体系以满足人民对美好生活需求为出发点，依托全市的自然风景资源、历史人文资源、乡村农业资源以及自然保护地体系建设公园，运用公园化手法打造公园街区、公园社区、公园园区、公园乡镇等公园化城市空间，利用绿道网络等线性空间连接点状公园与面状公园化空间，推动公园与公园化空间的无缝衔接和有机融合，共同构成包含 3 大类、8 中类、25 小类的全域公园体系。通过分级、分类、分层次的全域公园体系建设，实现咸宁"可到达、可进入、公园化、景观化"的公园式生活，夯实公园城市建设目标（图 3-3）。

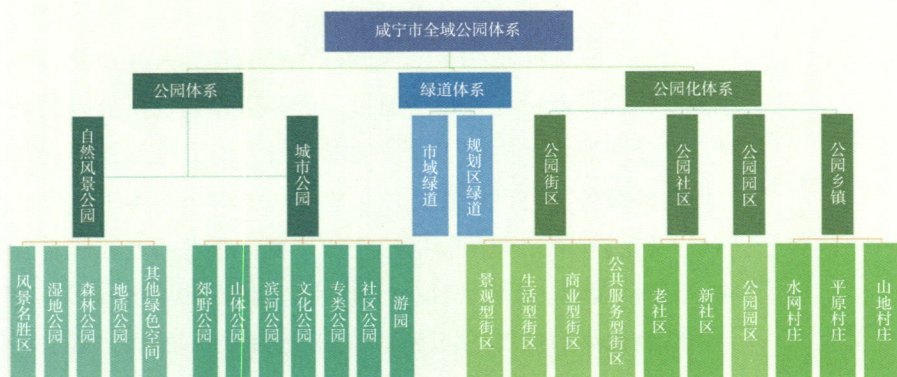

图 3-3 咸宁市全域公园体系

公园化体系中的公园街区，根据街区周边用地可分为景观型公园街区、生活型公园街区、商业型公园街区和公共服务型公园街区（表3-1）。

咸宁市全域公园体系中的公园街区类型划分   表 3-1

公园街区类型	周边用地	营造场景
景观型公园街区	公园绿地、滨水绿地等开放空间用地	营造开放通透、慢行畅通、景观优美的街区场景
生活型公园街区	居住用地	营造安全宁静、多元便捷的街区场景
商业型公园街区	商业、商务用地	营造独具特色、多元互动的街区场景
公共服务型公园街区	公共服务设施用地	营造绿色宜人、服务便民的街区场景

公园社区建设重点营造以人为本、舒适宜居的生活环境。其中老城社区有机更新，从基础设施、服务、就业、绿色4个维度综合改造，织补、活化老城社区功能。新建社区主要从居住、基础设施、就业、人文、服务、绿色6个维度进行整体规划，建设高品质公园社区。

公园园区建设主要从园区的生态环境、水资源回用、绿色发展、绿色交通、资源与碳排放、产业经济、建筑风貌等方面提出空间建设要求，并招引培育绿色生态产业，形成公园化形态+产业生态化的公园园区。

公园乡镇建设首先需按照美丽乡村的建设要求，对村庄进行村容村貌的整治与提升，满足基本的村庄生活、生产的要求。结合咸宁传统村落、特色小镇和田园综合体建设，筛选出美丽乡村示范村作为乡村建设与提升的范本。

资料来源：中国城市建设研究院有限公司

3.1.2 构建连通内外的绿道网络

绿道作为串联城市的线性绿色开敞空间和保障市民绿色出行与生物迁徙功能的生态廊道，发挥着生态、通勤、游憩、文化等多重功能，是城市绿道网络的绿色血管。绿道规划不仅是我国城乡规划体系中不可或缺的一环，也是构建城市绿色网络的前提。《标准》对绿道规划编制、规划绿道建设实施、设施配套建设、运营管理与服务水平，以及城市每万人拥有绿道长度提出了明确要求。住房和城乡建设部印发的《绿道规划设计导则》中提到，绿道的规划建设要坚持"因地制宜、彰显特色、统筹城乡、绿色低碳"。在这一视角下，城市绿道不再仅仅是小尺度、小范围的线性绿色空间，而是要与城市绿地系统、慢行系统、游憩与交通系统相结合，从区域、市域、社区等多个层级出发，综合考虑用地类型、生态效益、物种保育、历史文化、公共服务等因素，使不同层级绿道各司其职，共同构成内外连通的绿道网络。

构建交织呼应的区域绿道体系。在区域尺度，一是重点关注绿道生态价值，以绿道的形式合理有效地整合利用城市周边的生态资源，使绿道不仅成为美观和谐的绿色空间和生物迁徙的天然生态廊道，还能成为区域内缓解城市热岛效应、隔离噪声的天然防护网。二是利用绿道串联、包围区域内文化自然遗产、自然保护区，形成片区主题特色，在保护自然与历史文化遗产、彰显地域特色和文化底蕴的同时，也能促进区域旅游业的发展。

构建层层连通的市域绿道体系。在市域尺度，最大化发挥绿道作为线性绿色空间所具备的串联与分流能力的同时，综合考虑生态环境、经济、游憩、历史文化等因素进行绿道的科学选址与合理布局，并对绿道的类型、建设的优先性、适宜性进一步划分，最终形成布局均衡、定位明确、特色鲜明、层层递进的市域绿道网络体系。在绿道规划建设实施过程中，应坚持"因地制宜"，在充分挖掘当地自然与社会人文资源禀赋的基础上，合理开发、节约用材，最大限度彰显地方特色风貌。通过绿道体系的编制和建设实施，将彼此孤立的绿色空间串联成层层连通的绿色网络，满足城市高质量发展需求。

构建品质优良的社区绿道体系。社区尺度绿道的建设要重点关注绿道面向不同人群的人本化服务能力，一方面要结合绿道周边社区人群特征，在绿道中科学布局健身器材、文化驿站、自行车租赁及停放点等设施，使绿道成为满足居民游憩、康养、科普、娱乐需求的公共空间，切实提升公众幸福感；另一方面要加强绿道智慧化建设，依托传感器、5G、物联网、人工智能等新技术，为绿道管理与服务提供更加智能化、精细化的设备与方法手段，使绿道的管理更加精细，服务更加人性化。

漳州绿道实践：助力"田园都市、生态之城"建设

漳州市自 2011 年起着力打造"田园都市、生态之城"，将绿道与郊野公园体系建设紧密融合，加强人工与自然生态环境的沟通与互动。绿道建设助力优化城市发展格局，发挥从宏观到中观、微观层面的统筹整合作用，承载生态涵养、环境提升、休闲游憩、文化传承等复合功能，成为优化国土空间资源利用的有效途径。漳州绿道的实践区域从中心城区逐渐拓展至下属县（市），立足不同现状资源，绿道与河道水系、自然山体、田园果林、古迹民居等完美结合，彰显地域特色并激活沿线产业，就近服务民生的同时引领绿色低碳的生活方式，达到了生态、经济、社会等综合效益的和谐统一。

九龙江是漳州的母亲河，漳州老城区位于九龙江西溪北岸，新的城市总体规划将城市格局拓展为"一江两岸"，绿道建设也沿着河道两岸展开，从老城中心逐渐延伸至上、下游的区（县）。漳州市以城市水脉的保护与提升为目标，摒弃大改大建、人工痕迹过多的河道改造方式，打造大绿野趣的沿河空间；并在实施过程中不断进行优化调整，实现了对原有地形、水系、植被、村落、道路等最大限度的保护与合理利用（图 3-4）。

图 3-4　江滨滩地改造前后对比照片

南山与丹霞山位于九龙江西溪南岸，是漳州古城历史轴线上的重要节点，南山秋色、朝丹暮霞名列"古漳州八景"；场地内建于唐代的南山寺是全国佛教重地；这里还曾经是漳州工业发源地。由于城市功能与规划变迁，这里成为被遗忘的角落，两山被割裂、水体污浊、厂房闲置、违建林立……绿道成为重新联系并修复受破坏的山体，优化湿地水系及交通网络，整合区域环境，构建山、江、湖、田、寺、城交融整体格局的优良载体，成功塑造了"碧水环青山、花海拥古刹、登高望古城、乐活享南山"的美丽景象，实现了城市历史轴线的重塑与延续（图 3-5）。

图 3-5　南山文化绿道建成照片

资料来源：中国城市建设研究院有限公司

3.1.3　打造蓝绿交融的绿色本底

蓝绿空间是各类绿地与水域等开敞空间所组成的复合空间系统，其中绿色空间包括结构性区域绿地及城市公园绿地、防护绿地、附属绿地等各类绿地；蓝色空间包括河流、湖泊、滩涂、湿地等自然水体空间及水库、沟渠等人工水体，二者相辅相成，共同构成城市蓝绿交融的绿色本底。公园城市建设过程中，无论是公园体系还是绿道网络的构建，都离不开蓝绿空间这一范畴。通过制度建设加强对蓝绿空间的保护管理，保障蓝绿空间绿色网络的构建，不仅是对城市及其周边土地、水资源的保护和绿色利用，同时也能发挥蓝绿空间的生态价值，提升城市生态抗逆力，缓解空气污染，保持物种多样性，提升居民的生活质量。

严格保护蓝绿空间绿色本底。 从制度层面，严格遵照相关法律法规，加强源头治理，严禁非法开采、乱拆乱占、非法排污等不良行为。从措施层面，积极实行退耕还林还草还湿、水系疏浚，科学开展植树造林、退化林修复，建设生态防护林、水源涵养林和景观生态林，保护自然水源，提升自然生态系统质量和稳定性。从管理层面，要建立跨界部门的协作型管控与实施思路，提倡多部门联合管理，鼓励非营利组织参与管理和社区共同管理，开展蓝绿基础设施的监测与综合绩效评估，建立公众提议反馈的透明渠道，实现城市蓝绿空间的共建共治共享。

构建功能复合的多尺度蓝绿空间网络。蓝绿空间网络具有空间的连通性和功能的复合性两大特点，可在市域、城区、场地等不同尺度发挥多重价值。在空间层面，蓝绿空间网络由多个具有地理特征的元素序列嵌套组合而成。因此，必须要充分考虑每个要素的空间属性、空间布局与层级，分析蓝绿空间要素在多个尺度和不同规划背景下的特异性，才能使蓝绿空间网络多重效益最大化；在功能层面，不仅蓝绿空间自身具有很高的生态价值，其彼此间组合所构成的生态系统，也发挥着生物栖息地、净化空气、缓解城市热岛效应等多重功能。在进行蓝绿空间网络规划建设时，要紧密联系以上两大特点。在市域尺度，要从网络整体结构的稳定性与连通性出发，通过规划通风廊道、人工水体等线性蓝绿空间，使孤立的生态元素彼此连接，从而提升蓝绿网络整体抗逆力；在城区尺度，应重点围绕蓝绿空间的复合性和包容性，通过整合考量和连接自然环境区与关联城镇建设区，合理布局蓝绿开放空间，在发挥其生态服务功能的同时，提升其人本服务能力；在街道与场地尺度，要重点围绕单一或组合蓝绿空间形态、条件、功能，从其自然禀赋、物理条件、维护成本角度出发进行评估和优化，以创造可持续的生态及社会经济效益。通过蓝绿空间的有机融合，打通空间壁垒，在不同尺度激发其独特潜力，最大化发挥蓝绿空间的多重功能，从而打造功能复合的多尺度蓝绿空间网络。

科学利用自然蓝绿空间资源。蓝绿空间资源的价值发挥主要依托自然过程，只有在遵循自然规律的前提下进行科学设计、使用和维护，才能最大化地发挥蓝绿空间的生态价值，提升居民的生活质量。基于这一原则，首先需要从蓝绿网络整体结构的角度考虑，结合遥感、土地利用等空间信息对城市及周边蓝绿资源进行精准识别和评估，发掘生态效益卓越的蓝绿空间基质、斑块或廊道，并以此为枢纽划分不同生态功能区，在此基础上进行科学的调整优化，或是对生态较为脆弱的蓝绿空间根据其功能特点及时加以修复和保护。其次，蓝绿空间的布局要综合考虑其关联用地特征和对周边区域环境的影响，可以通过优化用地类型、设置缓冲带、科学选用植被等形式维持周边生态系统平衡，不宜"拆东墙补西墙"。

武汉市湖泊蓝绿共治实践

武汉因水而生，江和湖就是武汉的灵魂。武汉市充分发挥湖泊星罗棋布的特色，以湖泊保护条例为指导，界定湖泊水面控制线，确定环湖绿化控制线，划定环湖滨水建设控制线，形成全市1：2000湖泊及周边用地控制图，作为全市规划和管理的重要依据。自2012年起，分三批编制《武汉市湖泊"三线一路"保护规划》，对全市166个湖泊进行锁定，水域蓝线控制面积约867km^2，规划蓝线控制长度约2947km；绿线控制总面积约732km^2；灰线控制总面积约240km^2；规划环湖路总长度约2780km。结合湖泊区位、规模及周边区域规划，将湖泊划分为三类：

一类为景观建设型湖泊，主要位于集中建设区，绿线距蓝线原则上不少于50m，绿线平均宽度50~100m，滨湖区绿化面积比不低于30%；二类为生态控制型湖泊，主要位于都市发展区内的生态保护区域，绿线距蓝线不少于300m，主要湖泊岛咀地区保留进深不小于500m，平均宽度不低于150m，滨湖区绿化面积比不低于80%；三类为生态保育型湖泊，主要位于农业生态区，绿线距蓝线不少于500m，绿线平均宽度不小于300m，滨湖区绿化面积比不低于100%。

十多年来，武汉市严格落实湖泊"三线一路"保护规划要求，湖泊蓝线和绿线控制面积数量不减。建设湖泊公园超过50座，既改善了湖泊水质，又提升了沿湖生态环境。东湖绿道、沙湖公园、金银湖公园、墨水湖公园等成为市民休闲游玩的好去处（图3-6、图3-7）。

图3-6　东湖绿道
（胡九思　摄）

图3-7　金银湖国家城市湿地公园
（陈卓　摄）

资料来源：武汉市园林和林业局

3.2 增量提质：全面提升绿色空间品质和功能

随着我国社会经济不断发展，百姓收入水平不断提高，人民群众对生活质量的追求不断提升，人们对当下的人居环境有了更多、更高的需求。公园城市建设不仅要多维拓展绿色空间，更要注重提升绿色空间服务能力，丰富绿色空间特色内涵，内外兼修、量质并举才能更好地满足公众多元化的需求。

3.2.1 多措并举，多维拓展绿色共享空间

随着城镇人口总量与密度不断增加，城市发展建设用地日趋紧张。第七次全国人口普查数据和相关统计数据显示，近十年来我国多个省市人口增长迅速，但人均供地面积大幅减少，尤其是深圳、广州、成都等人口流入型城市人地矛盾突出。对比近十年全国人口增长率和公园绿地增长率，可以看出，人口的增长速度已大大超过公园绿地的增长速度，而且差距越来越大（图 3-8）。以成都市为例，根据《实施"成都增绿十条"推进全域增绿工作方案》明确的 2022 年建设目标，经粗略估算需增加绿地面积约 2677hm^2，但现行政策对土地开发的管控越来越严格，在现有城市空间已趋于饱和的背景下，如何破解土地不可增长与人口增长之间的矛盾，满足人民对美好生活、

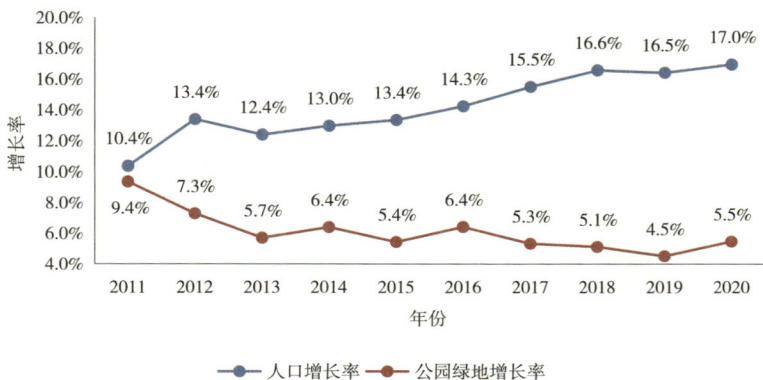

图 3-8 2011~2020 年全国城市人口增长率和公园绿地增长率变化对比

数据来源：《中国城乡建设统计年鉴（2020）》

优美生态环境的需求，各地都面临着同样的困境，亟待探索创新发展模式。

扩大公园绿地服务范围，提升公园绿地服务效能。在城市用地日趋紧张、"绿量"有限的情况下，为满足人民对美好生活、优美生态环境的需求，一方面，鼓励各地本着以人为本、方便老百姓就近进入、就近享用的原则，利用城市闲置用地、边角地、废弃地等因地制宜开展小游园、微绿地建设，将城市的"金边银角"等消极空间拓展为绿色共享空间，真正实现居民出行"300米见绿、500米见园"的建设目标，在沿用国家园林城市标准"人均公园绿地面积"等指标的基础上，针对日益突出的人地矛盾，将"公园服务半径覆盖率"指标核算下限由 $2000m^2$ 调整为 $1000m^2$；另一方面，由于综合公园和大型块状公园是体现高质量发展的重要公园体系服务层级，应设置独立的服务半径需求，《标准》编制组在北京中心城区进行过相关研究，1500m 半径在规划条件下，考虑紧邻城市的非建设用地中的公园，可以实现超过90%的覆盖水平，因此研究提出"$10hm^2$以上块状公园1500m服务半径覆盖率"，旨在保障大型公园的服务半径覆盖水平，切实提升公园绿地的服务效能。

以城市有机更新为契机，全面推进立体绿化。城市中留给绿地建设的面积十分有限，而立体绿化能充分利用城市平面以外的有限空间，既能增加绿量，提高绿化覆盖率与绿视率，又能起到降噪、隔热、节约能源、滞留雨水等改善生态环境质量，同时美化城市空间的作用[1]。设置"立体绿化推广实施水平"指标，旨在鼓励城市从实际出发，根据自身的自然条件、经济发展状况，因地制宜制定立体绿化推广的鼓励政策、技术措施和实施方案，进一步增加城市绿量，探索垂直绿化、屋顶绿化、架空绿化、护坡绿化、高架绿化等竖向拓展绿色空间，践行节约型园林绿化理念，切实改善人居环境。

通过创新增加用地类型，破解人地矛盾。积极探索以城市绿地功能为主导叠加体育、文化、商服等功能的空间复合利用模式，通过制定政策指引，可在新增建设用地指标中单列一定比例或通过已有用地进行改造转换等操作方式，鼓励现有用地在不影响其他用地功能的前提下，处理好权属与功能的关系，"不求为我所有，但求为民服务"，与其他公益性设施相结合，满足老百姓多维需求，提高土地利用效率，缓解城市用地矛盾，形成可复制可推广的实践经验。

---

① 虞金龙. 城市立体绿化的创新探索 [J]. 中国园林，2021，37（12）：6–13.

重庆立体绿化实践

重庆是典型的山地之城，自然地形高低起伏，可用开阔平地少。近年来，在城市建设中留下了大量边坡、堡坎、崖壁、边角地、废弃地，形成城市"秃斑"，影响城市风貌和生态品质。重庆市委、市政府高度重视，在充分调查研究的基础上，决定于 2019 年实施全市坡坎崖绿化美化。截至 2021 年底，全市共完成项目 1348 个，面积 2990hm²。其中，中心城区项目 309 个，面积 1410hm²；其他区县完成项目 1039 个，面积 1580hm²。通过该项工作，城市风貌形象大为提升，绿色生态本底日趋坚实，山地立体城市风貌特色更加彰显，得到全社会的高度认可。

（1）戴家巷崖壁步道绿化改造

戴家巷崖壁步道紧邻网红景点洪崖洞，整个步道为坡地地形，上下高差较大、坡度陡。近 1hm² 的崖壁几乎被野生杂草覆盖，缺乏美感。为提升城区环境，打造"挂毯"式的崖壁美景，通过设置花箱种植藤状三角梅、在格构区域栽植灌木形成色块、在崖壁镶嵌鹅卵石等方式，打造了旱溪花谷、洪崖滴翠、大圆孔、大方孔、崖壁挑水 5 大景观亮点，借用"崖壁步道"来叙述洪崖门的"前世今生"。特色花卉选用多色三角梅，打破以往的传统红色、紫色品种，积极引进适宜重庆生长的新品种，为重庆打造全域旅游提升了景观水准。戴家巷崖壁步道绿化在"2021 发现重庆之美"调查推选活动中，荣获"重庆市最美坡坎崖"称号（图 3-9）。

图 3-9　戴家巷崖壁步道绿化改造前后对比

（2）虎头岩公园及周边品质提升（一期）长和路堡坎立体绿化改造

长和路堡坎为水泥浇筑的格构柱状堡坎，质感生硬，缺乏观赏性。采用琴键式高低错落的设计思路,利用原有27根格构柱体造型悬挂种植盒进行绿化美化,柱体绿化最高23m,最矮4.5m,选用佛甲草、鸭脚木、矾根、金边吊兰、五色梅这5种不同颜色质感的植物,打造近1500m² 钢琴键垂直立体绿化景观,与其上方的海浪厂地块阳光疏林草坪、人防报警中心以及虎头岩公园形成整体景观。原本生硬的水泥堡坎被一块块"绿毯"取代,自然荒坡、堡坎变成了花木和景观,虎头岩公园周边面貌、环境品质进一步提升,为周边居民提供了新的休闲游憩场所,越来越多的市民来虎头岩公园打卡、健身,"生态福利"成效明显。在2020年10月举行的"2020发现重庆之美"调查推选活动中,渝中区虎头岩公园及周边品质提升项目(一期)收获了市民最多的点赞,当选为"重庆最美坡坎崖"(图3-10)。

图 3-10 虎头岩公园及周边品质提升(一期)
长和路堡坎立体绿化改造前后对比

(3)七星岗领事巷社区屋顶绿化改造

由于老旧社区屋顶乱搭乱建、脏乱差情况突出,结合和平路沿线老旧小区综合整治开展屋顶绿化,在火药局3~8号、和平路151~161单号、管家巷10号等屋顶栽种树状三角梅780株。改造后,屋顶空间规范有序、整洁美观(图3-11)。

(4)上清寺如家酒店退台绿化改造前后对比

上清寺如家酒店原本为裸露退台,色彩单一,质感生硬,难与上清寺周边景观融合,缺乏观赏性。利用退台空间区域,设置成品定制花箱,安装滴灌系统,覆土栽植垂吊形和树状三角梅约400株。改造后,酒店退台繁花盛开,色彩绚丽,为上清寺周边新添一抹亮色(图3-12)。

图 3-11　七星岗领事巷社区屋顶绿化改造前后对比

图 3-12　上清寺如家酒店退台绿化改造前后对比

资料来源：重庆市城市管理局

3.2.2　以人为本，提升绿色空间服务能力

> 人民城市人民建，人民城市为人民。在城市建设中，一定要贯彻以人民为中心的发展思想，合理安排生产、生活、生态空间，努力扩大公共空间，让老百姓有休闲、健身、娱乐的地方，让城市成为老百姓宜业宜居的乐园。
>
> ——2019 年 11 月 2 日，习近平总书记考察
> 上海杨浦滨江公共空间时的讲话

随着老百姓对生活品质的要求不断提升，城市园林绿化建设工作已由注重规模数量转向生态、人本等方面的综合服务能力提升。为更好地满足公众的多元需求，《标准》设置"公园品质评价值"指标，让老百姓从公园服务、综合功能、文化建设 3 方面对公园进行综合评价，对公园内的服务设施、景观效果、功能及是否齐全、是否能满足日常需求等进行综合评价。

通过公园品质评价，以结果指引城市公园绿地建设、运营维护与管理、服务的全面提升，提升公园维护管理水平和精准高效为民服务水平，真正落实"以人为本"的发展理念。

充分了解公众多元需求。 2018年住房和城乡建设部组织开展的《城市公园调查问卷》结果显示，人们普遍希望新建数量更多、类型更丰富、离家更近的公园。大部分受访者希望新建综合公园，其次是社区公园、街头小游园等小微绿地。同时，人们对公园服务也提出了更多个性化的需求，如老年人更关注可达性、更多晨练空间以及方便的饮水置物设施；年轻人希望有安静学习的自我享受空间；亲子家庭不仅期待公园增加更丰富的游乐设施，还希望公园引入户外课堂等学习和体验活动。因此，充分了解社会大众需求是公园更好地实现服务功能的基本前提。

完善公园基础设施和配套服务设施。 住房和城乡建设部印发的《关于进一步加强公园建设管理的意见》（建城〔2013〕73号）中提出"以人为本，不断完善综合功能。新建公园要切实保障其文化娱乐、科普教育、健身交友、调蓄防涝、防灾避险等综合功能，并在公园改造、扩建时不断完善……积极推广应用绿色照明、清洁能源、雨水收集及中水利用、园林垃圾资源化利用等新材料、新工艺、新技术，不断提升公园品质和功能"。无论是新建公园还是老旧公园改造，除了营造良好的园林景观，更要注重提升服务设施、游憩设施、水平。提倡朴实简约，使用生态低碳节能材料，循环利用废弃材料，尽可能采用低维护的植物及建筑材料，达到优良的性价比和低成本运行管理。

提升精细化管理水平。 加强公园管理精细化，结合"3S"、大数据、云计算等技术，构建面向市域、街区、园区等多尺度的智慧化公园管理平台，实现公园人流量、植被生长、设施运行状态的实时监测，为公园管理与植被养护工作提供可视化、精细化服务。推进园林绿化公共服务精准化，结合传感器、人工智能、VR等新技术，建设智慧公园，通过智慧步道、智慧导览、智能科普等智慧化应用场景，为不同游憩人群提供人性化、精准化服务。

北京龙潭中湖公园改造

龙潭中湖公园位于北京首都功能核心区，曾是北京最早的大型现代化游乐园，也是几代人心中的甜蜜回忆。游乐园运营结束之后，政府开展了近30万人次参与的民意征集工作，终将这寸土寸金的区域定性为城市综合公园。改造后的龙潭中湖公园成为城市绿色发展、城市文化传承、生态文明建设的典范（图3-13）。

图3-13 改造后功能分区和景点布局图

（1）生态修复的区域联动

龙潭中湖是北京城区二环内地势最低的汇水点。本次改造实现了龙潭中湖与东、西湖的连通，整体调蓄能力达152331m³，恢复了龙潭湖地区作为北京内城重要蓄洪区的功能需求。同时，公园通过改造实现绿地增量16.69%，建筑减量40.84%，其作为环二环绿地系统的重要节点，不但盘活了存量空间，扩大了生态容量，对于改善区域生态环境也起到了重要作用（图3-14、图3-15）。

图3-14 改造后恢复蓄洪能力的湖体

图3-15 与周边公园连成片，形成大型城市森林

（2）场所精神的巧妙延续

尊重1952年建园之初设立的"一池三山"山水格局，根据对风环境、日照环境等条件的模拟分析，对局部区域进行了微调整，使得整体格局更

加科学合理。注重对场地内现状的评估，包括建筑、桥梁、道路、植被和游乐园时期留下的大量的设施场地，融入有机更新的理念和方法，在满足民众使用需求的同时，也充分延续了市民对特定场所的认同感和归属感（图 3-16、图 3-17）。

图 3-16　保留加固后的摩天轮与广场
　　　　　结合，形成观演广场

图 3-17　原貌修复车行桥，形成记忆
　　　　　打卡点

（3）全龄友好的功能布局

延续场所精神的同时，将适合不同年龄的各类活动场地巧妙地安置其中，功能与场地特点充分契合，如在 2.6km 的环湖路上设置健康慢跑道，配合智能打卡桩与周边的公园联合成为可记忆的联动健身体验；在原有建筑拆除后的基址上设立健身活动场地；在原"空中自行车"设施处设立空中栈道等，节约投入的同时让人们感受到熟悉的空间尺度和氛围（图 3-18、图 3-19）。

图 3-18　结合建筑基址形成的健身场地

图 3-19　翻新环湖路成为联动的智能
　　　　　健身步道

（4）固体废弃物的再次利用

在公园的改造过程中，最大限度地利用原有材料，包括精细化低成本改造 4000 多米长的生态驳岸；现场拆除违章建筑所产生的近千方固体废弃物破碎之后，作为园林景观材料进行循环使用；场地内伐除的坏死树分类处理，作为铺装材料、树池围挡等被就地再次利用。在多方的共同努力下，龙潭中湖公园实现低碳环保的初衷（图 3-20）。

图 3-20　拆除的建筑废弃物就地破碎打造成为石笼景墙

资料来源：中国建筑设计研究院有限公司

3.2.3　文化建园，丰富绿色空间特色内涵

　　城市规划和建设要高度重视历史文化保护，不急功近利，不大拆大建。要突出地方特色，注重人居环境改善，更多采用微改造这种"绣花"功夫，注重文明传承、文化延续，让城市留下记忆，让人们记住乡愁。

　　——2018 年 10 月 24 日，习近平总书记在广东考察时的讲话

　　城市园林是展现城市地域特色风貌与个性、传承历史文化与艺术的重要载体。园林文化是城市文化的重要组成部分，是物质文明、精神文明和生态文明融合发展的产物。在园林建设中要突出人文内涵和地域风貌，有机融合历史、文化、艺术、时代特征、民族特色、传统工艺等，突出文化艺术内涵和地域特色，避免"千园一面"。

　　加强公园文化建设，大力倡导文化建园。提高公园文化品位和内涵，陶冶入园游人文化情操，提高市民文化素养和获得感、幸福感，例如拉萨宗角禄康公园借景布达拉宫使得园里园外融为一体，柳州龙潭公园以现代工艺打造独具侗族特色的风雨廊桥，既满足了通行需求，又与自然山水融为一体，彰显了地域风貌与民族特色，实现了观赏、游憩、交通、文化等多功能叠加复合。

　　充分挖掘特色要素，塑造城市特色景观风貌。钱学森先生曾说："我设

想的山水城市是把我国传统造园思想与整个城市结合起来，让市民生活在园林之中，而不是让他们去寻找园林绿地和风景名胜地。所以我不用'山水园林城市'，而用'山水城市'。"因此公园城市建设不只是多打造几处园林，而是要充分挖掘利用特殊的地形地貌、乡土植物、市树市花、民俗风情等城市特色要素，在城市景观风貌建设中予以固化、强化和再现。

注入新时代精神，增强民族文化自信。文化传承要以增强民族自豪感和文化自信为基点，在继承中发展，在发展中创新，努力实现传统园林文化的创造性转化、创新性发展，在历史名园的保护、公园体系的建设、自然生态的融入、当代文化的创新等方面，努力做到历史与时代并进，文化与自然共荣，环境与生态和谐，管理与民众相通，共同服务以文化人的时代任务。

柳州龙潭公园、柳侯公园

龙潭公园位于广西壮族自治区柳州市区南部，距市中心 3km，属于国家生态旅游示范区、国家重点公园、国家 AAAA 级旅游景区、广西风景名胜区，占地面积 316hm²，是一个融喀斯特自然山水和亚热带岩溶植物景观于一体，突出我国南方少数民族风情文化的综合性城市公园、开放性景区（图 3-21、图 3-22）。

图 3-21　龙潭公园"千把芦笙闹龙潭"苗族活动

图 3-22　非遗体验活动

龙潭公园依托广西少数民族文化资源，始终坚持把少数民族文化的传承、展示、宣教作为"文化建园"的发展方向，以广西等南方少数民族的民族建筑、风物民俗为主要建园内容，将多姿多彩的少数民族风情特色与秀美的自然风光、精美的园林景观融为一体，不断增强公园文化底蕴，突出公园鲜明特色，增添公园持续发展的潜力（图 3-23）。

　　柳侯公园始建于 1906 年，是柳州人民为纪念曾任柳州刺史的唐代著名文学家、思想家、政治家柳宗元而建的，2002 年被评为国家 AAAA 级旅游景区，2009 年获住房和城乡建设部授予的"国家重点公园"荣誉称号。公园占地 15.52 万 m^2，园内保留有古树名木 74 棵，绿化覆盖率高达 96.18%。园区布局为"六区一园"：柳侯祠清代建筑景观区、人文景观区、历史纪念区、柳文寓景区、山水园林休闲区、儿童游乐区和山水来归中华园。公园文化底蕴深厚，园林景观精致，游览环境舒适，服务功能齐全，是一个集悠久历史、柳宗元文化和秀美湖光山色于一体的历史文化名园（图 3-24）。

　　柳侯公园将柳宗元诗词、柳州古八景、柳宗元四大功绩等镌刻于景石上，融史事人文和地方奇石文化于一体，打造柳文寓景景区，彰显地方文化特色。通过碑刻作品多层次表达和彰显造园文化主旨、文化情趣和历史沿革，南廊以柳宗元诗文为主，展示柳宗元文化；东廊以柳籍历史文化名人的诗文间以赏石文化、历史典故等为主，体现柳州本土的文化传承和文化特色。利用园内的自然山水和人文资源开展多样化的活动，丰富百姓的业余生活，增强民族文化自信（图 3-25、图 3-26）。

图 3-23　柳州龙潭公园具有地域文化的风雨廊桥

图 3-24　柳侯公园南门牌楼

图 3-25　清明节柳州社会各界祭祀柳宗元仪式

图 3-26　柳侯公园春季赏樱活动

资料来源：柳州市园林和林业局

3.3 职住环境公园化：打造老百姓身边的美好共享空间

职住环境评价是对城市居民工作和居住的环境品质进行综合评价，在公园城市理念引导下，在评价园林式居住区和园林式单位比例的基础上，《标准》首次提出"单位和住宅附属绿地中面向本单位和本住宅区所有人开放、共享的绿地建设情况"，引导各地主动推进居住区和单位附属绿地开放共享，并逐步与城市绿地有机融合成网，真正实现"园在城中"向"城在园中"的转变，让居民感到安全、舒适、健康、美好。城市建设应以人为核心，更加关注人的多元需求，在绿色基底的基础上合理布局职住空间，打造公园化的居住和生活环境，从"社区中建公园"转变为"公园中建社区"，让老百姓在公园化的环境中居住和生活。

3.3.1 打造园林式居住区

美好的人居环境不仅是社会发展的目标，也是安居的核心要素。2022年住房和城乡建设部建筑杂志社在全国"两会"期间开展的"我心目中的好房子"调查问卷结果显示，受访者选择住房时所看重的众多因素中，"居住环境舒适"排名第一，占84%，其次是"交通便利""周边配套设施完善""教育资源好""距离工作单位近"等因素。2020年新冠肺炎疫情暴发以来，居住区环境的重要性大大凸显，清华大学团队在《城市人居环境理论发展与公园城市实践》研究中通过调查发现，疫情期间成都市居民对绿色空间表现出强烈的需求，90%以上的受访者表示需要绿色景观舒缓情绪，80%以上的受访者需要户外绿色空间进行活动，可见良好的居住环境对于提升居住品质、促进身心健康、提升人民群众的幸福感具有重要影响。各地根据实际情况制定园林式居住区管理办法，园林式居住区一般应具备以下特点：

绿色生态，美丽宜人。 以"推窗见绿、出门进园"为目标，合理增绿，提升绿地率、绿化覆盖率，形成公园式的人居环境。鼓励老旧小区根据自身条件采取多种手段推进立体绿化，利用建筑物、构筑物立面、顶面、外墙、阳台、窗台进行绿化，竖向拓展城市绿色空间，进一步增加城市绿量，践行节约型园林绿化理念，切实提升居住品质，改善人居环境。

活力温情，舒适便利。基于现状摸底评估和居民需求调查，在居住区内均衡布局各类设施，因地制宜改造老旧设施，变无为有，变有为好，变好为优。合理布局空间，营造兼具生态、景观、休憩、文化，科普等综合功能的绿色空间，满足居民通行、游憩、健身、社交、停车等日常生活需求。在小区内建设集中共享绿地、宅旁小花园、屋顶花园等，在各类小游园、小绿地、社区中心增设小球场或小广场，营造舒适便捷的生活环境。

个性特色，保留记忆。以"功能优先、生态优先"为原则，清理无功能和内涵低俗的雕塑小品、水景、置石等，挖掘场地历史文脉，尽可能保留原有建筑、植被等，以植物造景为主，营造良好的景观环境，彰显小区个性特色。

日照园林式职住混合区

日照文化创意产业园总面积约 $14hm^2$，分为高层办公区、低密办公区和配套住宅区三个板块，聚合不同的功能属性，涵盖艺术馆、精品酒店、商业、创意工坊与各类办公空间。整个区域为开放式管理，针对不同的使用群体，对公共空间采取了不同设计策略，使其具备多重均好性。沿街空间强调公共性、开放性及商业属性；而后排的街坊空间及酒店空间则更强调邻里性及私密性（图3-27）。

图3-27 临街广场城市界面空间

城市界面强化引导与标志性，形成两组公共广场。临街广场利用花岛形成颇具动势的中心景观，两侧带状绿化结合微地形将停车场隐匿其中，对内形成可供休憩及举办商业活动的多功能场地，对外则展示绿色中的商业街景。街角广场结合雕塑及水景，形成了具有标识感的公共场所，并通过铺装及花岛将市民引入内巷。区内纵向景观轴线与城市中的绿地斑块形成宏观联系，在满足市民穿行需求的同时，将人们回家的路变成了复合的街区空间，并逐渐从外围的喧闹过渡到了内部安静宜人的氛围（图 3-28）。

邻里化、街坊式的商住混合区突出了空间的多样性。公共的户外会议厅、休闲平台、组团式的休憩园以及各类运动场地，鼓励邻里交往，促进办公人群的身心健康；鲜艳明快的色调为办公区注入了轻松的气氛；住宅院前植入了不同的花园来促进交往，增加场地归属感；楼间树阵广场为各类活动的发生提供了可能，聚会、运动、聊天等为街区增添了生活气息（图 3-29）。

该项目是山东首个城市级互生式文化创意产业园，已成为日照文化创意引擎，并与邻近的大学科技园区形成良性互动，有助于解决大学生就业和留住优秀人才，并吸引有实力的相关企业落户，是市民工作与生活的一个全新选择，对于提升城市软实力和综合竞争力具有重要作用。

图 3-28　内街通行与邻里交往空间　　　图 3-29　树阵广场公共活动空间

资料来源：中国城市建设研究院有限公司

3.3.2　建设园林式单位

当下人们平均工作时长增加，尤其在一二线城市工作的人们，每天在工作单位的时间甚至超过了在居住区的时间。大量研究表明，工作环境绿色空间对于身心健康有促进作用，如对于在校学生来说，良好的校园环境有利于促进孩子的成长；对于都市白领来说，良好的工作环境能够减缓压力。因此，各地根据实际情况制定园林式单位管理办法。持续推动园林式单位建设，需要从以下 3 方面着手。

做好制度和资金保障。园林绿化主管部门应制定相应的制度，拨付专项资金推进园林式单位建设。对已命名的园林式单位定时进行复查管理，动态监管。

打造良好的绿化环境。 在保证安全的前提下，优化单位庭院绿地空间布局和植物配置，打造优美、健康、安全、温馨的办公环境。苗木选择要提高规格标准，从选苗种植到后期的养护管理，都要制定严格的标准，适时对植物进行整形修剪，及时检查防治病虫害，保持环境的整洁卫生。

提升公众爱绿护绿意识。 利用单位的宣传平台加强生态园林宣传和科普教育，提高公众的爱绿护绿意识和对生态文明建设的认识，增强保护园林绿化成果的自觉性，倡导绿色发展和绿色生活。

北京城市副中心行政办公区先行启动公园化园区一体化建设

2012 年，在北京市第十一次党代会上，北京市委、市政府明确提出"聚焦通州战略，打造功能完备的城市副中心"，明确了通州作为城市副中心的定位，这也是北京市围绕中国特色世界城市目标，推动首都科学发展的一个重大战略决策。

北京城市副中心行政办公区先行启动区是副中心核心区域，位于长安街的东延长线上，运潮减河与北运河之间。其园林景观以统筹协调的一体化建设为特色，严格贯彻落实创新、协调、绿色、开放、共享的新发展理念与中央提出的构建生态城市布局要求，围绕副中心战略定位和发展目标，发挥先导与示范作用（图 3-30）。

（1）舒适宜人的森林行政办公区

将场地内行政办公建筑群植入绿色环境中，形成人与自然相融的舒适环境，使"风景"融入日常生活。

①总体目标：营造宜人环境、传承北京气质、引领智慧生活。

②设计概念：大林汇智、经纬交织。

③特色景观结构：大树林、风景环、景观轴、园中园、绿荫厅、健身道、林荫路、海绵网。

（2）统筹协调的镜河风景河道

坚持景观设计的早期介入，注重跨领域、多专业合作，将镜河水渠转变为兼具休闲游赏、排水调蓄、生态节能等功能的城市风景河道。

①融合中国古典园林"叠山理水"的造园手法，承接北京古城的水韵

和文脉。

②"多道合一"：将地源热泵、水道、绿道、风道、节地等一体化设计。

③一体化营建生态系统：统筹考虑生态水岸、水质提升、集雨绿地、低能耗绿地、可再生能源、生物多样性等需要。

（3）开放共享的弹性公共空间

结合绿地设置富有文化内涵的公共设施，塑造集教育、科普、健身、公共艺术等多种功能于一体的公共空间。

①守护"活力基因"，传承大气、包容、自然、大雅的北京气质。

②探寻景观环境影响人的有效途径，缓解人的生存压力。

③引领绿色低碳、文明健康的生活方式，提升场地活力和吸引力。

（4）生态集约的林荫路网

综合应用"海绵城市""智慧园林""节约型园林""低碳园林"等先进理念和技术，以"一体化街道"构建先行启动区的绿色骨架。

①道路绿化与城市生态绿道、风景带相连接，打造100% 步行林荫路。

②将林荫路网、健身路网、海绵网统筹设计，承载照明、智慧交通、通信等多种功能。

③选用具有北京特色的乡土树种，体现四季分明的景观特点。

图 3-30　北京城市副中心行政办公区建成实景

资料来源：中国城市建设研究院有限公司

3.3.3　公共空间开放共享

随着人们生活水平的提高，日常生活中的休闲游憩需求提高，城市公共空间为公众提供休闲游憩场所、提升生活品质也显得越来越重要。仅仅依靠打造在围墙里的、分散独立的园林式居住区和园林式单位，不能真正体现公园城市理念。只有让老百姓在居住和工作空间之外拥有更多互联互通的、可就近进入的、可参与可感知的美好共享空间，无论走到城市的哪个角落都能欣赏美景、锻炼身体、与人交流，才能真正实现绿色福利公平共享，有效促进居民的身心健康，提升幸福感和获得感。

《标准》首次提出"单位和住宅附属绿地中面向本单位和本住宅区所有人开放共享的绿地建设情况"这一指标，目的就是引导各地主动推进居住区和单位附属绿地开放共享，并逐步与城市绿地有机融合成网，打破"围墙"、弱化"边界"，让绿地从"附属"变成"主导"，把小区与小区之间的绿地连通起来。除了居住区和单位，城市公园等公共空间也可以有计划地对边界进行改造，使之与整个城市的绿地系统融合，让绿色在整个城市空间内"流动"起来，真正实现从"园在城中"向"城在园中"的转变，让居民感到安全、舒适、健康、美好。

这项工作不能一蹴而就，需要分阶段推进。在现阶段，可以有计划地系统推进单位附属绿地和居住区附属绿地的开放共享空间试点工作，形成多处典型示范案例，因地制宜新建或改建楼前屋后的公共空间，配置相应的设施，形成开放的公共绿地和公共活动场地。在此基础上，具备条件的单位附属绿地和居住区附属绿地逐步面向社会开放共享，局部与城市绿地融合成网，最终要全部面向社会开放共享，并通过多级绿道网络体系将这些公共开放空间与整个城市周边的自然生态空间有机串联，最终与城市绿地有机融合成网。

《完整居住社区建设标准（试行）》对"公共绿地"的要求是"新建居住社区至少建设一个不小于 $4000m^2$ 的社区游园，设置 10%~15% 的体育活动场地。既有居住社区应结合边角地、废弃地、闲置地等改造建设'口袋公园'等。社区公共绿地应配备休憩设施，景观环境优美，体现文化内涵，在紧急情况下可转换为应急避难场所"。对"公共活动场地"的要求是"至少有一片公共活动场地（含室外综合健身场地），用地面积不小于 $150m^2$，配置健身器材、健身步道、休息座椅等设施以及沙坑等儿童娱乐设施。新建居住社区建设一片不小于 $800m^2$ 的多功能运动场地，配置 5 人制足球、篮球、排球、乒乓球、门球等球类场地，在紧急情况下可以转换为应急避难场所。既有居住社区要因地制宜改造宅间绿地、空地等，增加公共活动场地"。

郑州三大公园拆墙透绿行动

为优化城市生态环境，打造"美丽郑州、花园郑州"的城市形象，郑州市于2019年初开启了以碧沙岗公园、紫荆山公园、人民公园三大公园为引领示范的拆墙透绿行动。从看不见公园内景色的实体围墙，到可以直接从临街的景观带步入公园，公园形态与城市空间有机融合。更新后的街道被赋予了更多复合型功能，并将有限的城市绿地空间最大化地利用起来，成为郑州市民多彩生活的空间载体，体现了"用绿色消融边界，把城市'种'进自然"的理念。

（1）碧沙岗公园改造

郑州碧沙岗公园以"拆墙透绿"为指导，临非机动车道一侧增加微地形进行交通分流，形成疏朗起伏的车行界面；临公园一侧补植小乔和地被，营造复层围合、尺度宜人的步行景观界面，将城市街道与公园边界充分融合，实现"城市即公园"的愿景（图3-31）。

图 3-31 郑州市碧沙岗公园边界改造前（左）和改造后（右）对比

（2）紫荆山公园改造

紫荆山公园通过梳理围墙内杂乱的植被，利用微地形搭配带状时令花卉，借助疏林草坪打开空间，形成疏朗通透、简洁大气的沿街景观风貌。在保留现状长势良好的大树的基础上，设计休息木平台、异形花坛与座椅相结合，营造优美舒适的绿荫休憩空间，让更多的市民能够充分享用绿地，为城市注入新的活力（图3-32）。

图 3-32　郑州市紫荆山公园边界改造前（左）和改造后（右）对比

（3）人民公园改造

　　人民公园在边界改造中增设自行车停车场，便民利民，并用绿篱进行分隔。同时作为城市街道的绿色缓冲带，有效提升了步行和骑行的安全性和舒适性（图 3-33）。

图 3-33　郑州市人民公园边界改造前（左）和改造后（右）对比

资料来源：郑州市园林局

3.4　示范引领：由点及面层层递进建设公园城市

　　《标准》基于对成都、上海、深圳、杭州等地实践探索的总结分析，创新性地提出"公园化生活街区示范区个数""公园化功能区示范区个数""公园化生态地区示范区面积比例"等引导项评价指标，并根据不同城市规模分别设置不同的指标阈值，目的是希望各地在推进公园城市建设过程中，以示范片区建设突出引领性，分批次执行，以点带面，通过示范逐步进行空间扩展，先带动城区再带动城市，集中体现公园城市建设理念，以点带面，有序推进，以星星之火形成燎原之势，最终实现公园城市的美好愿景（图 3-34）。

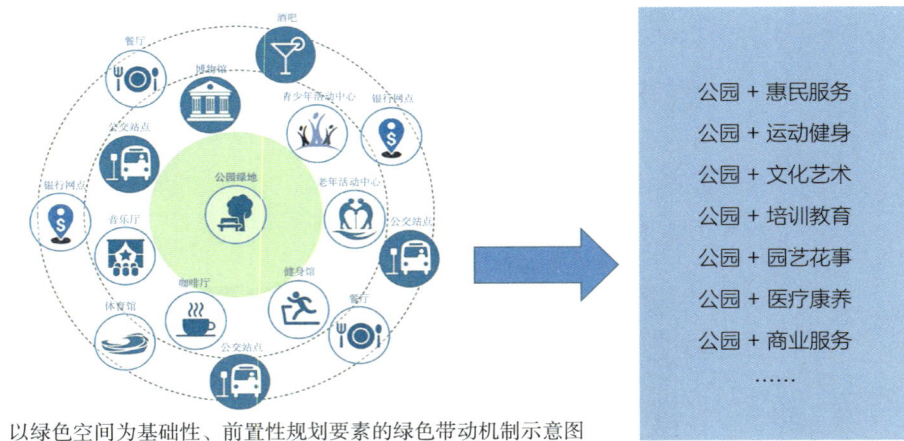

以绿色空间为基础性、前置性规划要素的绿色带动机制示意图

图 3-34 潜力无限的"公园 +"

3.4.1 公园化生活街区示范区

公园化生活街区示范区是公园城市建设的重要单元类型，是以居住为主要功能的生活型片区，有美丽、舒适、宜人的室外景观环境，具有小游园绿地、屋顶花园等充足的绿色共享空间，还有方便、齐备的生活配套服务设施，既能体现出公园城市特征，又有温度与活力。

《标准》中公园化生活街区主要包含以下特征：①以居住为主导功能，未被交通性主干道分割；②面积≥ 0.8km²；③宜为开放式街区；④片区内绿地和开放空间的占比≥ 40%，布局结构合理；⑤片区内人均公园绿地、广场和小区集中绿地的面积≥ 5.5m²/ 人，且设施健全，环境优美，维护管养到位；⑥片区内积极推广多元化的绿化手段和新技术，如屋顶绿化美化、墙体绿化美化、阳台绿化美化等。

环境宜人，体现公园城市特色。"城在园中"是公园城市最鲜明的内涵特征，建设公园化生活街区示范区应坚持以公园化的形态面貌为本底，打造具有生命力的绿色生活空间。加强小游园建设与治理，合理利用社区、街区小微绿地、绿化岛、露台、屋顶与废弃地，通过"因地制宜、见缝插绿"的手法合理布设植被与服务设施，在改善社区环境风貌的同时，让公众能够在生活中亲近自然。

发展"公园+"，兼顾生态生活。 "以人为本"是公园城市建设不变的宗旨。公园化生活街区示范区建设要统筹兼顾自然环境与生活服务间的关系，在实施生活街区公园化的同时，通过发展"公园+"，针对不同公园化示范区的主体功能定位，合理配置超市、家政、阅读学习、游艺、健身等生活配套服务与消费设施，为公众打造环境宜人、生活幸福的工作、生活环境，让公众仿佛置身于一个大花园，同时带动城市经济，促进城市产业结构优化与绿色发展。

北京望京小街城市更新

望京小街位于北京市朝阳区望京片区，为北京第一个成功整合复杂系统的城市振兴项目，通过"政府引导社会资本参与"的开发模式、"共建、共治、共享"的可持续运营模式，将一条逐渐衰落的市政道路转换成一个社区重要的开放空间。这条 13 年的老街，在经历 2 年多的规划设计以及 5 个月的改造施工后，重回人们的生活（图 3-35）。

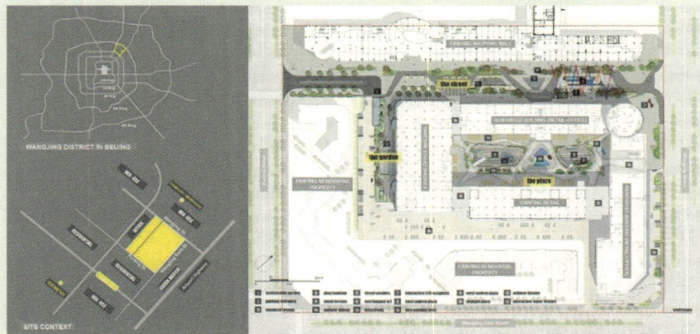

图 3-35 望京小街区位及总平面图

（1）打破界线，缝合空间，体现公园城市特色

对社群属性的重新定义，促使在设计中对小街的空间格局进行重新梳理，并运用景观的手段缝合街道两侧和连接整个城市片区，相较传统的城市街道空间，440m 宽的小街更像是一个城市公共走廊，它是社区与城市间转换的一个通道。通过模糊边界，利用现有高差区分通行空间和停留空间，建筑立面到整体多维的一体化等手段，打造一个既细腻又极具体验的纯步行公共空间（图 3-36、图 3-37）。

图 3-36　利用原始高差形成商业露台

图 3-37　绿荫休闲空间

（2）还原街道本质，共享与共治

街道作为最早产生的城市公共空间，随着城市的演变而渐渐模糊了人们对其本质属性的认识，而望京小街的重新定义，让街道不再是单纯的通行空间，焕发了老旧街区的"烟火气"，成为真正属于人的空间，小街的呈现也将触发更多的城市街道焕发生机与活力。将一条逐渐衰落的市政道路转换成一个社区重要的开放空间，其背后不仅仅是一个传统的设计议题，而是一个社会与经济多方共赢的愿景。小街的改造通过党建引领带动，协同多主体共同参与城市治理，形成了五维治理的特色，将其变成一个以商业为主导，可持续性强，由企业、民众、商家和政府共同管理维护的步行街（图 3-38）。

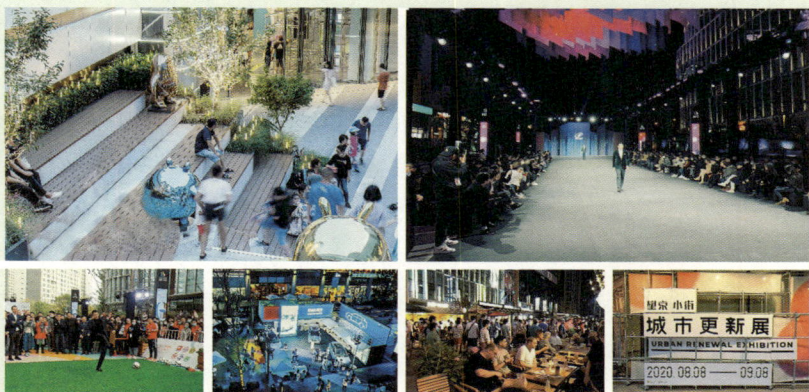

图 3-38　多样化的主题活动

资料来源：INSTINCT FABRICATION 本色营造设计事务所

3.4.2　公园化功能区示范区

公园化功能区示范区是公园城市建设的重要单元类型，其主体功能定位为产业、文化、体育、商业服务、旅游、行政办公等，以美丽、舒适、宜人、公园一般的室外环境和可以共享的绿色空间促进主体功能的有效提升，让购物者、办公人员、游人等犹如在公园里办公、购物、休闲、旅游，打造绿色复合的工作与休闲场景。随着居民收入提高与产业结构转型升级，居民对于工作和休闲环境的需求也在提高。在公园城市理念下，城市各种功能区的建设目标也不再局限于满足特定需求，而要着眼于打造一个具有公园形态、功能复合、品质内外兼修的开放空间，让工作人员、购物消费者、运动健身者、游客等仿佛置身于公园中，身心舒适、心旷神怡，由此激发产业活力，带动消费，增进身心健康。

《标准》中公园化功能区示范区主要具备以下特征：①以一种或相关联的多种用地类型构成相关联系的城市片区，且主导功能定位不是绿地和居住用地，未被交通性主干道分割；②面积 ≥ 0.25km^2；③片区内绿地和开放空间的占比 ≥ 40%，历史文化街区的占比 ≥ 25%；④积极推广多元化的绿化手段和新技术；⑤具有良好开放性，面向游客和市民开放共享；⑥可承载城市生活、就业、文化、休闲等方面功能；⑦示范区内外的绿地和开放空间彼此联结。

公园化功能区示范区的建设主要围绕"绿色"和"复合"两个层面入手：

在"绿色"层面，要合理利用闲置空间，通过推行立体绿化、屋顶花园等形式为城市工作和消费场景增添绿色，在公共场所增设各种绿色、低碳环保设施设备，营造绿色办公、消费、休闲场景。

在"复合"层面，要加强办公与消费休闲场景的融合，通过合理进行产业及消费场所布局、重构产业关系来加强产业融合，营造具有多重功能且高品质的办公、消费或休闲场景，满足公众个性化、定制化需求。

咸宁官埠生态新区

官埠生态新区是咸宁市北部空间的重要组成部分，是咸宁实施"拥湖面江""武咸一体"等发展战略的重要支点，也是咸宁市打造武汉都市圈自然生态公园城市的先行示范片区。官埠生态新区依托基地良好的自然生态本底、深厚的历史文化底蕴，按照"以绿定城、以产兴城、以人活城"的理念打造了多种生活、生产和消费场景，其中文体活力岛、文旅休闲湾、生态创智谷以绿廊、绿带、慢道等串联基地内外空间和片区内功能板块，营造开放共享的公共开敞空间，是咸宁公园化功能区示范区的规划示例（图3-39）。

图3-39　官埠生态新区城绿共生空间结构和公园化功能区布局图

（1）文体活力岛

文体活力岛用地面积$1.66km^2$，主导功能为体育健身、综合服务等，以综合服务与生态体育中心为核心，通过绿廊、慢道串联金融中心、商务酒店等功能板块，打造现代文化展示窗口和品质化、生态化的综合服务空间（图3-40）。

图 3-40　文体活力岛空间结构和效果图

（2）文旅休闲湾

文旅休闲湾用地面积 2.28km^2，主导功能为文化艺术、商业休闲等，利用现状山水资源，打造文旅休闲主题，为咸宁北部空间创造了一个可感知、可呼吸的活力空间（图 3-41）。

图 3-41　文旅休闲湾空间结构和效果图

（3）生态创智谷

生态创智谷用地面积 1.18km^2，主导功能为创新服务、创业社区等，以创新创业为核心职能，集聚科创服务平台及集群式创新综合团体，打造咸宁产城融合高质量发展示范地（图 3-42）。

图 3-42　生态创智谷空间结构和效果图

资料来源：咸宁市自然资源和规划局、咸宁市国土空间规划研究院

3.4.3 公园化生态地区示范区

公园化生态地区示范区是公园城市建设的重要单元类型，其主体功能定位为生态涵养与保护，通过合理建设实现生态功能价值转化，实现良好生态本底保护基础上休闲游憩、文化体验、生态科普、科创服务等功能叠加，实现土地集约高效利用，促进城市绿色高质量发展。通过公园化生态地区示范区建设，以点带面，引导各地在保护自然、基于自然的前提下有序推进公园城市建设。

《标准》中公园化生态地区示范区主要具备以下特征：①以绿色空间为主体，混合一种或多种类型且零星布局的建设用地，位于城市近郊区域；②未被区域交通性主干道分割；③单块面积 ≥ 1km^2，宜 > 4km^2；④片区内绿色空间占比 ≥ 75%；⑤场地原有生态资源和生态功能都有较好的保护与合理利用，没有污染型的产业；⑥具有休闲游憩、文化体验、生态科普、科创服务等多元化功能特征，且具有良好的开放性，能为城乡居民提供多维服务。

生态优先，重视生态涵养与保护。公园化生态地区示范区的核心是"生态"，在建设时应以保护或恢复自然栖息地为优先，以自然为核心，尽可能减少人为干预，最大化保留示范区的自然形态，从而充分发挥其生态功能。要根据当地生态环境综合考量植物种植，尽量多选择本土树种，注意草地、乔木、灌木的合理配置，合理保护已有的自然植被，调节已有植被与更新植物群落之间的关系，确保两者都能自然演化，合理选择抗性强植物，提升植物成活率，打造动植物能够生长与栖息的自然空间。

激发潜力，加强生态功能价值转化。在实现良好生态本底的基础上，搭建承载价值转化的多元场景，将生态价值具象于生活场景、消费场景、生产场景、交流场景，以改善城市结构与社会人居形态，以公园化生态地区示范区为核心重构城市空间结构，打破城绿分隔，促进空间赋能与融合增值；大力支持生态产业发展，搭建完整的生态产业链条，拓展生态产品交易市场。同时借鉴国外先进的生态标签认证制度，建立生态产品认证体系，打造绿色品牌效应，向消费者提供绿色生态产品。城市空间系统与自然系统的多维度融合能使生态价值最大化。

山东淄博基于生态修复打造齐盛湖公园化生态区

2012 年，淄博市政府决定对位于新城区北部的垃圾场进行综合治理，实施生态修复工程，并在此基础上建设齐盛湖公园。该公园化生态区总占地面积 1000 余亩，现已成为人民群众喜爱的网红公园和优秀生态修复示范区（图 3-43、图 3-44）。

图 3-43　齐盛湖公园基址上的垃圾山

齐盛湖公园化生态区设计的总体指导思想是建设反映中国优秀传统园林文化及现代生态环保理念、融合齐文化的市级综合性山水公园生态区。将现状垃圾山和垃圾坑进行生态修复并作为山水基本构架的主要元素，营造宽阔大气的水体景观，将整个公园营造为历史文化韵味丰厚、生态环境优美自然、园林景观优美、空间布局合理，能够满足市民活动需求和保障城市生态安全、提升生态功能等，自然与人文、社会经济发展相结合的公园化生态区（图 3-45）。

图 3-44　齐盛湖公园主山为改造后的垃圾山

齐盛湖公园化生态区设计的总体意境是"齐风新韵、山水清秀、林木繁茂、鸟语花香"。在总体艺术布局上，以"一湖三山多点"，形成众星拱月之势，塑造淄博市中心城区中轴线北端的压轴景观，即以齐盛湖为中心，以海岱楼为制高点，环以尚贤桥、天镜台、齐赋石、九天瀑、云山伴月、望湖苑、稷下风、丁香园、海棠园、演艺舞台、儿童游戏场、戏水沙滩、游船码头等 40 余处景点（图 3-46）。

图 3-45　齐盛湖公园夜景

图 3-46　齐盛湖公园滨水栈道

资料来源：深圳市北林苑景观及建筑规划设计院有限公司

第 4 章

生活舒适便利

习近平总书记在 2020 年浦东开发开放 30 周年庆祝大会上提出："要着力解决人民群众最关心最直接最现实的利益问题，不断提高公共服务均衡化、优质化水平。"公园城市建设正是以"以人为本"为目标，《标准》通过设置公共服务设施、市政基础设施相关评价内容，引导城市合理配置和均衡布局公共服务设施，充分保障公共服务设施用地空间和人均指标，结合老旧小区改造和城市更新，补齐公共服务设施和市政基础设施短板，全面解决市民上学难、看病难、出行难、停车难、买菜难、运动难等当下普遍存在的问题，提升人民群众的幸福感、获得感与安全感（图 4-1）。

图 4-1　生活服务板块评价内容

4.1　便捷：公共服务便利精准

我国社会主要矛盾已经转化为人民日益增长的美好生活需要和不平衡不充分的发展之间的矛盾，人民群众对美好生活更加向往，教育、医疗、养老、托育等公共服务保障水平成为影响人民群众获得感、幸福感、安全感的重要因素。

——《关于印发〈"十四五"公共服务规划〉的通知》

（发改社会〔2021〕1946 号）

公共服务关乎民生，连接民心。推动公共服务发展，健全完善公共服务体系，持续推进基本公共服务均等化，提供多层次多样化生活服务供给，不仅是"十四五"时期的一项主要任务，也是建设公园城市必不可少的一环，对增强人民群众获得感、幸福感、安全感，促进人的全面发展和社会全面进步，具有十分重要的意义。《标准》围绕城市文化、教育、医疗、体育、商业、社会福利六大方面公共服务，对服务设施的数量、等级、分布提出了明确要求。本节将针对以上六方面，以多层级生活圈的构建和服务设施的合理布局（图 4-2）为视角进行阐述。

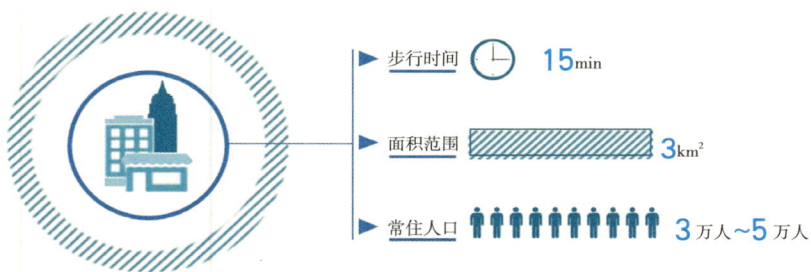

步行时间　　15min

面积范围　　3km²

常住人口　　3 万人～5 万人

图 4-2　成都市公园社区单元概念图

4.1.1　构建多级生活圈

"生活圈"，即在居民步行可达的范围内，配备生活所需的基本服务功能与公共活动空间，使社区生活越来越丰富，社区交往越来越便利，社区归属感越来越强。多级生活圈是主动适应未来的城市生活方式，是公园城市的基本组成单元。在一定步行可达时间范围内，分层分级配置教育、医疗、商业、文化、养老等服务功能与公共活动空间，构建层次分明、功能完备的基础生活圈、中级生活圈、高级生活圈，形成安全、舒适、便利、全龄友好的社会基本生活平台。

建设满足居民日常生活需求的基础生活圈。基础生活圈应瞄准居民日常衣食住行，基于居民日常生活便捷、舒适原则，以基本生活公共服务设施为重点开展规划建设。以居民点为中心，利用缓冲区、可达性分析等手段划分居民活动半径并进行分区，在此基础上围绕社区管理、基础教育、日常就医、小型文化体育活动、日常消费、市政交通、绿化空间、预留用地八大类型的现状数量、分布、配比进行全面分析、规划与建设，让居民即使"不出圈"也能享受全面的"一站式"服务（图 4-3）。

图 4-3　咸宁九樾 5min 生活圈规划

咸宁市 5min 社区生活圈

（1）目标

合理布局各类服务设施，满足 5min 步行可达；优先满足老幼人群，配置高品质老幼服务设施；强调人性化设计，集中设置关联度大的设施；构建完整林荫道，营造绿色浓荫人行步道。

（2）实施途径

5min 社区生活圈内基础设施用地面积 1710~2210m²，建筑面积 1070~1820m²。仅要求设置社区服务类设施，包括幼儿园和托儿所、社区养老服务站、小型便民商业服务设施等。

①幼儿园和托儿所，按 30 人 / 班配建，设置规模为 3 班、6 班、9 班、12 班、18 班，每生用地标准按 14~15m² 计，幼儿园和托儿所应按照服务范围均匀分布，6 班及以上规模的幼托应独立设置在阳光充足、接近公共绿地、便于家长接送的地段，应有独立院落、独立的出入口。

②社区养老服务站，包含小型养老院和老年人日间照料中心，建筑面积不得小于项目住宅总建筑面积的 2%，不小于 100m²，设置担架电梯和无障碍坡道，消除卫生间地面高差，铺设防滑地砖等。

③小型便民商业服务设施，包括末端配送、便利店、自动贩卖机、报刊亭、代收代办服务中心、小型社区菜市场等，配置标准为建筑面积 10~20m² / 千人。小型社区菜市场建筑面积 500~1000m²。

资料来源：咸宁市自然资源和规划局

建设满足居民一般性的生活服务需求的中级生活圈。中级生活圈应瞄准居民中高级医疗、教育服务、消费娱乐、文化活动，以更高的生活服务品质为主题进行打造，在基础生活圈层次基础上，规划建设商场、步行街、医院、小学、中学、图书馆、文体活动中心等服务设施，并通过道路与公共交通网络将社区与这些设施合理串联，保证居民在较短的出行时间内享受到最大服务。

咸宁市 10min 社区生活圈

（1）目标

合理布局各类服务设施，满足 10min 步行可达；满足居民新生活方式下的新需求，减少居民使用频率低的设施，实现新功能的转型；鼓励各类附属服务设施分时段对外共享，提高空间利用率。

（2）实施途径

10min 社区生活圈内基础设施用地面积 1980~2660m^2，建筑面积 1050~1270m^2。其中公共管理与公共服务类设施，用地面积 1890~2340m^2，建筑面积 1050~1270m^2；交通服务业设施，用地面积 70~80m^2；商业服务设施，用地面积 20~240m^2，建筑面积 320~460m^2。

①公共管理与公共服务类设施，包括小学、社区卫生医疗服务站、社区文化活动中心、社区养老服务站游园等。其中，小学按 45 人/班配建，设置规模为 6 班、12 班、18 班、24 班、30 班、36 班，新城区每生用地标准按不小于 20m^2 计，老城区改扩建标准可按每生不小于 15m^2 计。社区卫生医疗服务站包括社区医疗中心、社区卫生服务站，人口规模 1.5 万人及以上，每一处用地面积不小于 3000m^2，建筑面积不小于 2000m^2；人口规模 1.5 万人以下，应按照建筑面积 80~100m^2/千人配建，面积不小于 100m^2。社区文化活动中心包括社区图书馆、文艺康乐活动站、艺术培训站、青少年学习活动站、老年人活动站等，人口规模 1.5 万人及以上，建筑面积不小于 4000m^2；人口规模 1.5 万人以下，面积按照 40~60m^2/千人配建，最小面积不小于 60m^2。

②交通服务业设施，包括公交车站点、轨道交通站点等。

③商业服务设施包括中小型社区菜市场、便民商业服务设施，增加居民的幸福感。其中，中小型社区菜市场建筑面积 1000~1500m^2；便民商业服务设施，包括社区小型超市、药店、物流配送等。

④增加品质提升类设施，包括实现使用频率低的服务设施的转型，适当减少邮局、银行、ATM 机、航空铁路订票点服务点，改造成需求日益增长的小型公共空间、文化服务站、健身房、社区游泳池、自行车租赁点等。

资料来源：咸宁市自然资源和规划局

建设满足居民国际化、品质化的公共服务需求的高级生活圈。高级生活圈包括博物馆、美术馆、体育场馆、综合医院、高校与科研机构、主题乐园等服务设施。建设满足居民国际化、品质化的公共服务需求的高级生活圈，不仅是公园城市中居民高质量生活的体现，也是体现一座城市国际化水平、彰显城市特色风貌的标杆。

咸宁市 15min 社区生活圈

（1）目标

构建安全、便捷、荫凉的人车分流道路网络，控制在 15min 步行范围内；配置品质提升类教育、文化、医疗、商业服务设施，使居民拥有丰富多元的居民文化服务，学有所成的终身教育服务，全面管理的健康服务，便捷的综合商业服务，满足居民日益增长的美好新需求；鼓励各类附属服务设施分时段对外共享，提高空间利用率。

（2）实施途径

15min 社区生活圈内基础设施用地面积 1600~2910m^2，建筑面积 1450~1830m^2。其中公共管理与公共服务类设施，用地面积 1150~2360m^2，建筑面积 11300~1380m^2；商业服务设施，用地面积 350~550m^2，建筑面积 320~460m^2。

①公共管理与公共服务类设施，包括中学（初中为基础设施，高中为提升设施）、社区服务站、社区体育活动中心、社区卫生服务站、小型环卫服务站、社区公园等。其中，初中按 50 人／班配建，设置规模为 12 班、18 班、24 班、30 班、36 班，新城区每生用地标准按不小于 25m^2 计，老城区改扩建标准可按每生不小于 20m^2 计；高中按 50 人／班配建，设置规模为 18 班、24 班、30 班、36 班、42 班、48 班、54 班、60 班，每生用地标准按不小于 30m^2 计；社区服务站建筑面积 600~1000m^2，用地面积 500~800m^2，服务半径不宜大于 300m，服务内容为社区服务大厅、警务室、社区居委会

办公室、居民活动用房、活动室、阅览室、残疾人康复室。社区体育活动中心，人口规模 1.5 万人及以上，建筑面积 300~400m²/ 千人结合公共绿地配建，含运动场、健身房、游泳池等设施的社区体育活动中心；人口规模 1.5 万人以下，面积按照 120~200m²/ 千人结合绿地配建，最小面积不小于 150m²，设置排球场、羽毛球场及其他基础的健身设施。

②商业服务设施，包括美容美发、家政服务、日常维修、洗衣店、大型超市、图书音像店、面包店、健身房、花店、银行网点、网吧、幼儿早教、大型菜市场等，其中大型菜市场建筑面积 2000~2500m²。

③市政服务设施，包括公厕、垃圾压缩转运站、垃圾收集点、环卫工人休息室等。其中，公共厕所每千户设置 1 处，或按照临街长度每隔 300~500m 设置 1 处，每处建筑面积按 60~80m² 计算，临街设置。垃圾压缩转运站每 0.5~1km² 设置 1 处，每处建筑面积不小于 100m²，与周边建筑距离不小于 10m。环卫工人休息处每万人设置 1 处，不足万人按照 1 万人计，每处建筑面积不小于 20m²，临街设置。

④品质提升类设施，包括：教育或文化类设施，如社区学校（含老年大学、职业培训学校和儿童教育培训）、社区博物馆、剧院等；医疗设施，如社区志愿医院或卫生站，能够满足社区居民日常就医需求；社区便利服务设施，如社区食堂、社区服务站、活动中心，为社区居民尤其是老年人、儿童等群体提供自助餐饮和日常休闲场所。

资料来源：咸宁市自然资源和规划局

4.1.2　合理布局服务设施

公园城市要统筹考虑文化、教育、体育、医疗、商业、社会福利等公共服务设施规划，构建布局均衡、高效精准的公共服务设施体系，实现宜居、宜学、宜游、宜养、宜业。

实现公共服务设施的合理均衡覆盖。城市在进行公共服务设施配置与建设时，要以公平与效率为原则，关注区域内部不同城市公共服务设施水平差距或城市内部公共服务配置整体现状。首先需要从地理空间视角摸清城市内部公共服务设施空间分布规律特征；其次要确保各片区居民享受不同类型、不同等级公共服务设施空间分布上的公平性，加强各类公共服务设施与人口的匹配度；最后要定期对当前城市公共服务设施建设数量、质量和效果等内容进行绩效评价，通过数据统计、社会调研等形式了解公共服务设施总体运行情况，分析公共服务设施对于居民幸福度满意度的提升效果，从人本视角实现公共服务设施的合理配置。

实现公共服务设施的高效精准服务。公园城市强调"公"字当先，其建设成果覆盖不同年龄阶段、不同收入阶层的人群。一方面，各城市在掌握不同社区、街区人口结构及偏好特征的基础上，针对不同年龄人群需求精准布设公共服务设施，从而打造全年龄友好型的人居环境。对于儿童及青少年，配置儿童型公园及游乐场地，以及图书馆、少年宫等教育和学习场所；对于青年人，配置娱乐、消费、健身场所；对于老年人，配置老年大学、老年活动中心等公共服务设施，并在公共场地添加如绿色通道、折叠座椅等无障碍设施，在保障老年人安全的同时，提供人性化的服务。另一方面，要加强公共服务设施的开放性和共享性，打破公共空间的隔离界限，改造和营建代际互动的综合型公共场所，如居住区内养老设施和幼儿园共同设置，建设混合型的社区中心、老少皆宜的体育设施，利用街角绿地、开敞空间开辟"口袋公园"，完善老年和儿童友好型的慢行系统，让不同收入阶层的居民享受到同等服务。

成都市体育健身设施布局评估

成都市在"十四五"规划中提出了"全面提高健康成都建设水平，完善全民健身设施配套，推进天府绿道健身场景和'家门口运动空间'工程建设"的目标。通过对城市不同城区的体育健身设施POI大数据的分析发现，从住宅社区与运动设施的配比均衡性角度进一步剖析，成都市还有进一步的提升空间：金牛区选取的985个小区和天府新区选取的295个小区中，周边没有5min内可以到达的体育运动设施的小区占比分别达到36.3%和59.3%。想要满足老百姓日常体育锻炼的生活需求，需要进一步提高体育运动设施与住宅区的重合度，让老百姓真正拥有"家门口的运动空间"。此外，从图4-4中可以观察到，无论是金牛区还是天府新区，在不同区域住宅社区可达的体育设施数量不平衡，在今后的规划与建设中，应当考虑区域的体育设施是否过饱和，或数量是否不足，逐步实现基本公共服务的均等化。

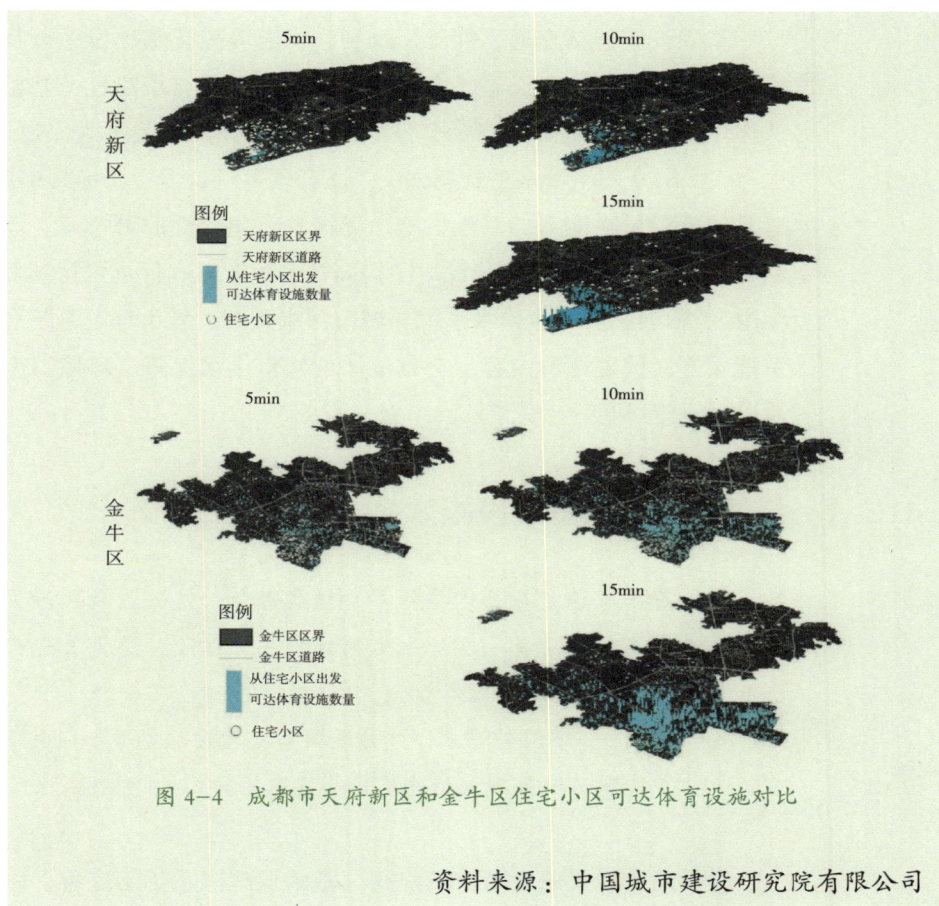

图 4-4　成都市天府新区和金牛区住宅小区可达体育设施对比

资料来源：中国城市建设研究院有限公司

4.2　普惠：完善基础设施配置

　　"十四五"时期要统筹推进传统基础设施和新型基础设施建设，打造系统完备、高效实用、智能绿色、安全可靠的现代化基础设施体系。

——《中华人民共和国国民经济和社会发展第十四个五年规划和
2035 年远景目标纲要》（2021 年）

基础设施包括交通、能源、水利、物流等传统基础设施以及以信息网络为核心的新型基础设施，在国家发展全局中具有战略性、基础性、先导性作用。基础设施是经济社会发展的重要支撑，既关乎国家发展和安全，也与人民群众的生活水平息息相关。联合国可持续发展目标第9项提出"建造具备抵御风险能力的基础设施，促进具有包容性的可持续工业化，推动创新"，体现出基础设施建设对于提高社会生产力、促进可持续发展的重要作用。《标准》从城市给水系统、城市污水系统、城市环卫系统和城市道路系统4方面设置评价内容，全方位评价城市供水保障、环境卫生状况和交通出行便捷程度。

4.2.1 统筹规划环境基础设施体系

环境基础设施是基础设施的重要组成部分，是深入打好污染防治攻坚战、改善生态环境质量、增进民生福祉的基础保障，是完善现代环境治理体系的重要支撑。

——《国务院办公厅转发国家发展改革委等部门关于加快推进城镇环境基础设施建设指导意见的通知》（国办函〔2022〕7号）

对标高质量发展要求，当前我国基础设施体系仍不完善，协调性、系统性和整体性发展水平不高。要建设运行高效的基础设施体系，必须突出体系化和协同性。近年来，我国环境基础设施建设快速推进，不仅拉动了经济增长，也切实改善了人民群众的生活质量。干净的水、清新的空气、安全卫生的环境、便捷的交通等都是建设公园城市的重要目标。公园城市要依据城市的现状、规模、区位和发展需要，有序推进环境基础设施建设，构建布局合理、设施配套、功能完备、安全高效的环境基础设施体系，助力城市绿色高质量发展。

统筹规划，合理布局。突出规划先行，按照绿色低碳、集约高效、循环发展的原则，统筹推进城市环境基础设施规划布局和选址。旧城部分区域因为资源紧缺和历史遗留问题，基础设施资源分布不够合理，基础设施面积和配置与人民生活需求还不能完全匹配，要充分利用闲置空间增建基础设施，重点解决建什么、在哪儿建、怎么建、谁来建等问题。加强综合性基础设施统筹规划，将基础设施专项规划与国土空间规划进行衔接，完善基础设施布局和结构。将居民行为和需求特征、社区的自足与共享属性纳入研究范畴，利用行为特征解析居民个体之间的需求差异，从而实现对现状设施空间的修正与完善。

加强协同，高效衔接。 鼓励建设污水、垃圾、固废、危险废物、医疗废物处理处置及资源化利用等"多位一体"的综合处置基地，提高资源利用效率，降低环境风险。适度超前投资、超前布局，提升环境基础设施供给能力。发挥环境基础设施协同处置功能，打破跨领域协同处置机制障碍，重点推动市政污水污泥处置与固废处理利用等有效衔接，提升协同处置效果。加强处理设施和配套设施建设，持续提高生活污水和垃圾处理资源化利用水平。

江西省明月山洪江集镇市政道路及管网工程项目

明月山洪江集镇市政道路及管网工程项目位于江西省宜春市袁州区洪江集镇，是洪江集镇市政建设、生态修复、环境综合提升的综合性项目。本项目设计内容包括洪江集镇范围内约 10km 的市政道路、11 座桥涵及其景观；与市政道路配套的市政冷热水给水、雨污水排水、电力电气等管网；集镇内 3 个地面公共停车场及 1 个半开敞式复层车库；集镇内洪江河、南庙河 2 条河道的防洪和生态修复及两河沿岸景观，河道长度约 7km；集镇内约 1.9hm^2 的生态休闲公园，约 90hm^2 的市民运动公园的景观及其服务建筑（图 4-5、图 4-6）。

图 4-5　项目道路效果图

图 4-6　项目桥梁效果图

资料来源：中国城市建设研究院有限公司

4.2.2　加快补齐重点领域短板

我国城市基础设施建设已进入补齐短板、提升功能、优化服务和融合发展并重的发展阶段，基础设施的服务能力、运行效率、服务品质短板还比较明显。《标准》旨在评价城市污水系统和城市环卫系统建设情况，衡量城市卫生环境状况。

健全污水收集处理及资源化利用设施。 随着城镇污水处理能力快速增长，污泥产生量持续增加，污泥能否得到妥善的处理处置，直接关系到环境安全和公众健康，影响城市居民的生活幸福指数。有效进行城市污水污泥处理处置，是确保污水处理效果、防止污染物进入自然环境的重要措施，是改善城镇居民生存环境、提高人民生活质量的必然要求，也是建设公园城市的重要举措。要推进城镇污水管网全覆盖，推动生活污水收集处理设施"厂网一体化"。对污水管网进行全面排查，推动老旧管网修复更新，因地制宜稳步推进雨污分流改造。加快推进污水资源化利用，结合现有污水处理设施提标升级、扩能改造，系统规划建设污水再生利用设施。

逐步提升生活垃圾分类和处理能力。 建设分类投放、分类收集、分类运输、分类处理的生活垃圾处理系统。合理布局生活垃圾分类收集站点，完善分类运输系统，加快补齐分类收集转运设施能力短板。响应国家号召，城市建成区生活垃圾日清运量超过300t地区加快建设垃圾焚烧处理设施，不具备建设规模化垃圾焚烧处理设施条件的地区，鼓励通过跨区域共建共享方式建设，有效提升生活垃圾无害化处理率。

不断提升垃圾资源化利用能力。 按照科学评估、适度超前的原则，稳妥有序推进餐厨垃圾处理设施建设，加强可回收物回收、分拣、处置设施建设，提高可回收物再生利用和资源化水平。推进园林绿化垃圾减量化处置和资源化利用，既缓解城市固体垃圾处理压力，又能"实现源于自然、回归自然"的资源化处理产品高效利用，促进维持城市生态系统稳定。

成都市天府第一污水处理厂

成都市天府新区第一污水处理厂以"环境友好、土地集约、资源利用"为建设理念，通过科技引领，形成地下污水处理厂、地上生态公园的创新建造协同公园和市政设施的空间复合模式，在绿色空间体系中有机植入了市政功能设施，实现生活污水达标处理的同时，满足人们对居住、游憩、学习等功能的需求。污水处理厂占地面积 5.88hm²，仅为传统地面污水处理厂的 1/3，利用有限的土地在纵向空间上复合建设综合管廊、地下停车场、污水处理厂、水环境科普馆和城市生态公园，绿地面积 4.5hm²，绿地率达 73.7%，不仅直接节省了所占用的土地空间，还间接节约了周围的用地空间，解决了地面污水处理厂臭气对周边规划建设的影响，直接或间接节省了 330 亩土地。基于鹿溪河污染负荷与水质影响关系的构建，建立流域统筹的水污染控制规划和流域水质目标管理体系，基于水环境容量定义及水环境数学模型，利用水动力模型和水质模型计算确定鹿溪河水环境容量，确定了该污水处理厂出水水质为地表水 IV 类，该污水处理厂以此为标准每天输出再生水 4 万 t 为鹿溪河进行生态补水，并输出高品质再生水 1 万 t/d 为区域绿化和消防供水（图 4-7）。

图 4-7　天府新区第一污水处理厂复合空间模型展示

资料来源：中国城市建设研究院有限公司

4.3　高效：促进管理与服务优化升级

2020 年 3 月，我国提出加快新基础设施建设，包括 5G 基站、超高压输电线路、高铁、城市轨道交通、电动汽车充电设施、大数据中心、人工智能和工业互联网等新基建计划。对城市基础设施进行升级改造和智能化管理，可以提高基础设施运行效率和安全性能，从而提升管理与服务的精准度。

4.3.1　加强城市基础设施管理

健全管理体系。良好的管理体系是推进城市基础设施建设、提高公共服务水平的必要条件。公园城市的高水平建设与运行，需构建国家、省、城市三级互联互通、数据同步、业务协同的管理体系，明确各级政府和职责部门、运行管理单位责任，实现信息共享、任务协同。建立基础设施、公共服务等动态监测机制，城市主管部门负责进行年度监测、中期评估和总结评估，并强化监测评估结果运用，省级主管部门加强实施的统筹指导，督促落实重大事项，总结经验做法，确保建设行动高质量实施。

优化服务能力。将 5G、大数据、云计算、人工智能等新一代信息技术在公共空间秩序、基础设施运行监测等领域推广应用，数字赋能，提高设施建设水平。加快推进基础设施能力提升专项行动，强化公共空间风貌提升、交通设施建设、污水与垃圾治理，促进电网改造升级，实施城乡信息网络覆盖和升级工程，全面提升基础设施服务能力。

4.3.2　推动基础设施数字化建设

搭建数字平台。开展新型城市基础设施建设，有序推进城市基础设施智能化建设与改造，建立城市基础设施智能化管理平台与智能化监管体系。利用 CIM 平台，提供基础数据并赋能行业多元应用，出台统一的标准规范，推动城市各层级政府部署开展 CIM 平台实施应用，实现关联数据有机融合，促进城市基础设施规划、建设、管理、运营一体化。

提高处理效率。基于 CIM 平台，推动数字化、智能化新型给水排水、环卫基础设施建设，综合应用物联网与大数据技术，研究供水厂站智能运行新模式，建立排水管网运行效能智慧评估模型，形成排水管网运行效能评估指标体系和排水系统问题快速识别方法，促进黑臭水体监测评估与修复治理。针对环卫行业的劳动密集型特征，研究生活垃圾分类后的智能化物流体系，提高再生资源配置效率；研究生活垃圾焚烧发电厂智慧化管控体系。推动建立城市燃气高效利用数字化体系，推广高效热泵供热技术和可再生能源供热技术，促进节能减排，助力国家"碳中和"目标的实现。

4.3.3　推进智能交通系统建设

智能交通建设。随着城市交通压力的日益增大，推进智慧交通的全面布局，缓解城市交通拥堵状况，提高交通监管的效率变得越来越重要。推进智慧道路基础设施建设，推进城市公交枢纽、公共停车场充电设施设备规划建设。通过摄像机对道路路况、来往车辆进行实时监控、及时采集和储存图像，并结合移动互联网、物联网、云计算、大数据等技术实现道路、车辆与交通监管设备之间的信息共享。

多元场景应用。加强研究并构建支持车路协同运行的城市道路、建筑、公共设施融合感知体系，探索耦合时空信息的城市动态感知车城网平台，推动开发智能网联汽车在公交、旅游、特种作业、物流运输等多场景应用技术及装备。

浙江省绍兴市打造城镇供水管网漏损控制实训基地

2020年，浙江省绍兴市越城区获得全国供水智能化建设试点，构建了智能化管网预警运维体系和漏损管控闭环工作制度，形成"以分区计量为核心、以信息化技术为支撑、以全过程管控为手段、以绩效考核为保障"的漏损管控工作机制，探索形成以 GIS 数据为基础、多模型联动的供水智能化管理运营模式，实现供水智能化业务管理水平和漏损控制管理能力的全面提升。绍兴市公用事业集团有限公司全面总结十余年来在城镇供水管网漏损控制方面的经验与做法，建立了全国首家城镇供水管网漏损控制实训基地。基地被授予"中国城镇供水排水协会职业技能培训基地"，采用全真模拟实训，开展基于云技术的渗漏预警体系和智慧水务现场教学，实现管网运行管理、漏控业务全方位、全流程的模拟展示和实操培训。项目为城镇管网降损进行了大胆探索，并取得了一定的成效。绍兴市"打造全国首家城镇供水管网漏损控制实训基地"项目入选2021年"节水行动十佳实践案例"（图4-8、图4-9）。

图 4-8 云动态信息管理供水调度平台

图 4-9 实训基地获"中国城镇供水排水协会职业技能培训基地"授牌

资料来源：绍兴市公用事业集团有限公司

第 5 章

城市安全韧性

安全韧性是指城市对自然灾害、安全事故、突发公共卫生事件等风险的防御水平和灾后快速恢复的能力。公园城市作为人类美好家园，守护好家园，并让百姓安居是其核心要义。《标准》主要从防洪排涝、交通安全、防灾避险、卫生安全、生态安全5大维度评价城市对突发事件的抵御适应能力与灾后自我恢复能力。通过强调规划引领，全生命周期地统筹多要素、多专业协同、多部门合作，共同守护城市安全，提升城市应对自然灾害、事故灾害、社会安全事件、公共卫生事件发生时的基本应急保障及灾后迅速自我恢复能力，防范和化解影响我国现代化进程的各种风险，筑牢国家安全屏障（图5-1）。

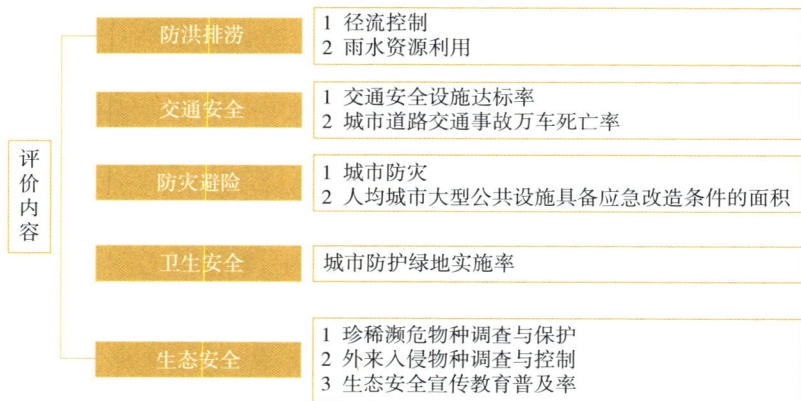

图 5-1 安全韧性板块评价内容

5.1 协同：规划引领筑牢城市安全保障体系

要坚持以人民为中心的发展思想，坚持从社会全面进步和人的全面发展出发，在生态文明思想和总体国家安全观指导下制定城市发展规划，打造宜居城市、韧性城市、智能城市，建立高质量的城市生态系统和安全系统。

——2020年4月10日，习近平总书记
在中央财经委员会第七次会议上的讲话

国家"十四五"规划正式提出"建设韧性城市"，国内目前也有诸多城市在"十四五"规划中明确要求"共建安全韧性城市"，将安全韧性城市建设作为城市未来发展的重要目标。提升城市安全韧性的重点是构筑综合防灾体系，要从源头做起，以规划引领、"蓝、绿、灰"统筹、多专业多部门协同，全方位提升城市韧性，保障城市安全。

5.1.1　规、建、管全生命周期统筹

提高城市安全韧性，首先要转变理念，建立安全可靠的应急基础设施体系，将自然灾害、安全生产、公共卫生等领域各类灾害防治及相关基础设施建设纳入空间总体规划体系。北京市作为国内首个将"韧性城市"建设纳入城市总体规划的城市，已完成《北京韧性城市规划纲要研究》，并发布了《关于加快推进韧性城市建设的指导意见》，从空间韧性、工程韧性、管理韧性、社会韧性等方面提出具体要求，为全面实现建设国际一流的和谐宜居之都的目标提供坚实的安全保障。

提高城市安全韧性不仅要提升抗冲击能力，也要提升快速修复能力，做好事前预防、事中应急、事后复盘，形成从风险识别、风险评估、规划响应到适应性管理全过程的闭合链条，保障城市在应对突发情况时能快速维持、恢复、转型、升级。建立风险数据库，识别需要重点关注的可能发生灾害的地区，进行综合风险的识别评估，分级分类制定应对措施，从而有针对性地进行保护。

5.1.2　"蓝、绿、灰"统筹融合

根据所在城市的规划目标指标和需要解决的现状问题，因地制宜统筹"蓝、绿、灰"基础设施，确定海绵城市的建设实施路径，提升城市应对洪涝灾害的能力。评估城市现状排水防涝能力和内涝风险，通过分析城市绿地景观空间格局特征，科学分析城市不透水面对地表径流的影响，因地制宜布局"蓝、绿、灰"基础设施，通过增大绿地面积或斑块密度、景观破碎度、连接度，增强绿地雨洪调蓄能力，减小城市排洪压力（图 5-2 ）。

按照"源头减排、过程控制、系统治理"的思路，从保护城市水生态、改善城市水环境、保障城市水安全、提升水资源承载能力等方面提出实施

图 5-2 城市绿地景观格局与绿地雨洪调蓄能力的关系

方案，落实管控指标，构建源头减排、排水管渠、排涝除险、超标应急的城市排水防涝体系，并与防洪系统相衔接。综合采用模型分析、监测评估等技术手段提高科学性，逐步做到智慧化调度。

5.1.3 多专业、多部门协同

城市安全是一项系统性、全局性和战略性的工程。2018 年，中华人民共和国应急管理部的成立，体现了城市安全管理开启从行业、单位、局部向整体、区域、战略管理转变的新型实践[①]。但提升城市安全韧性不仅局限于防灾减灾领域的应急管理，还需要社会、经济、环境等各领域、各部门之间相互协调、多级联动的协同共治，才能真正保障城市在复杂情况下的正常运行。

韧性城市应摒弃传统工业文明中追求大规模集中式的发展思路，应与分布式的新能源、海绵城市、分布式水处理等新技术协同发展，尤其是要注重分片区、网格化精细管理。在城市安全领域中积极开发高新安全技术，实现城市安全风险评估、监测、预警、救助等全过程的智能化、自动化和网络化功能，切实提升城市安全治理能力和治理现代化水平。

平灾结合的开封城市水系规划建设

河南开封市水系二期工程位于开封市老城区的西部，连通龙亭湖景区与包公湖景区，是城市"蓝色文化链"和生态旅游走廊的重要组成部分，也是"宋都水系工程"中连接龙亭湖、清明上河园和包公湖等知名景区的黄金旅游带。开封古城水系作为城市发展的命脉，形成了深厚的文化底蕴。该项目以"汴京水城"为主题，利用带状水系空间意境，维系文化肌理，

---

① 王义保，杨婷惠. 城市安全研究知识图谱的可视化分析 [J]. 城市发展研究，2019，26（3）：116–124.

传承城市记忆，让游人多层次地体验和了解宋都的宋风宋韵，其也成为开封城市"双修"成果的重要展示窗口，2017 年时任总理李克强曾前往视察。

开封水系建设从单一的水系工程，统筹结合了城市的生态修复、园林绿化、景观提升、基础设施完善、旅游设施配套、房地产开发策划等功能。在规划建设中，将水系、园林绿化、基础设施、旅游服务设施有机结合，将城市带状绿色开放空间及在其中游览的市民视为现代版的"清明上河图"，事实证明，水系工程不仅在平时满足了开封人民对美好生活的向往，同时也大大促进和带动了周边区域的更新，探索出了一条开封古城宋韵文化之路（图 5-3）。

图 5-3　开封市水系二期工程夜景

资料来源：中国城市建设研究院有限公司

5.2　守护：软硬兼顾全面保障城市安全

中国将坚持以人民为中心的发展理念，坚持以防为主、防灾抗灾救灾相结合，全面提升综合防灾能力，为人民生命财产安全提供坚实保障。

——2018 年 5 月 12 日，习近平总书记向汶川地震十周年国际研讨会暨第四届大陆地震国际研讨会的致信

城市安全是城市可持续发展战略的重要组成部分。新时期的城市规划、建设和治理过程中，城市系统的规模和复杂性日益提高，产生了多方面的聚集效应，加大了城市安全风险。尤其是"后疫情"时代，安全韧性引起

了全社会的关注。在国土空间规划背景下，以"资源环境承载力评价"和"国土空间开发适宜性评价"作为前置条件，强化了底线约束，为可持续发展预留了空间。公园城市建设应在此基础上，重点关注生态安全、交通安全、公共卫生安全等内容，提升硬件设施建设，通过对标自评，掌握城市洪涝灾害、交通安全、防灾避险、卫生安全、生态安全等现状情况及可能存在的风险隐患，并对其进行定量、定性分析，从而提出有效的风险隐患防控措施，软硬兼顾，全方位、多层次地保障城市安全，促进人与自然和谐共生。

5.2.1　强化教育维护生态安全

万物各得其和以生，各得其养以成。生物多样性使地球充满生机，也是人类生存和发展的基础。
——2021 年 10 月 12 日，习近平总书记在《生物多样性公约》第十五次缔约方大会领导人峰会上的主旨讲话

城市生态系统是一个受人类活动持续且强烈干扰的人工与自然相结合的复合系统，具有多样性、脆弱性和复杂性。城市生态风险和生态危机加剧，城市生态安全维护的形势十分严峻。生物多样性保护在维持城市生态安全与生态稳定方面发挥着重要作用，是人类社会可持续发展的重要基础。习近平总书记在《生物多样性公约》第十五次缔约方大会（COP15）上发表的主旨讲话、党的十九大和党的二十大报告中先后提出的"构建生态廊道和生物多样性保护网络""实施生物多样性保护重大工程"等一系列重要论述和《关于进一步加强生物多样性保护的意见》《中国生物多样性保护战略与行动计划（2011~2030 年）》《中国的生物多样性保护》白皮书等相关政策文件的出台，以及中国生物多样性保护国家委员会的成立，标志着生物多样性保护已上升为国家战略，被纳入国家的顶层设计，生物多样性保护理念逐渐成为社会共识。

公园城市建设从城市安全角度强化生态的基础性地位，在科学构建生态安全格局、夯实生态本底的基础上，《标准》创新性地设置了"生态安全"方面的评价指标，选取"珍稀濒危物种调查与保护""外来入侵物种调

查与控制""生态安全宣传教育普及"等指标，全方位衡量城市应对灾害和风险隐患的能力，推动提高城市生态质量，恢复城市本应具有的"生物多样"状态，全方位提升城市应对灾害和风险隐患的自组织能力，维护城市生态安全，从而实现人与环境系统的协调发展。

生物多样性大事记

● 党的十九大提出"构建生物多样性保护网络"。

● 党的十九届五中全会进一步提出"实施生物多样性保护重大工程"。

● 2021年10月，《生物多样性公约》第十五次缔约方大会在中国昆明召开，大会以"生态文明：共建地球生命共同体"为主题，推动制定"2020年后全球生物多样性框架"。

● 2021年10月，中共中央办公厅、国务院办公厅印发《关于进一步加强生物多样性保护的意见》。

● 2021年10月，国务院新闻办公室发表《中国的生物多样性保护》白皮书。

保护珍稀濒危物种。 开展珍稀濒危物种摸底调查，通过分析市域范围内已完成摸底调查的珍稀濒危物种面积，已进行就地保护、近地保护或移到其自然生境之外进行保护的珍稀濒危物种数量以及市域内珍稀濒危物种总量之间的关系，判断珍稀濒危物种摸底调查完成率和珍稀濒危物种保护率，并对珍稀濒危动物或植物的个体、器官、组织等部分进行就地保护、近地保护或移到其自然生境之外进行保护。习近平总书记在《生物多样性公约》第十五次缔约方大会领导人峰会上的主旨讲话中提出，中国正式设立三江源、大熊猫、东北虎豹、海南热带雨林、武夷山等第一批国家公园，保护面积达23万 km^2，涵盖近30%的陆域国家重点保护野生动植物种类。同时，本着统筹就地保护与迁地保护相结合的原则，启动北京、广州等国家植物园体系建设。中共中央办公厅、国务院办公厅印发《关于进一步加强生物多样性保护的意见》，提出优化建设动植物园、濒危植物扩繁和迁地保护中心，完善生物多样性迁地保护体系。

　　因此，建立国家公园为主体的自然保护地体系旨在实现对重点保护野生动植物及其生境的就地保护，而动植物园则是珍稀濒危植物物种迁地保护的主要手段，是生物多样性保护优先区域保护战略的重要补充，共同构成国土空间生物多样性整体保护格局。据统计，我国植物园迁地保护植物有 396 科，其中本土植物 288 科，占我国本土高等植物科的 91%。以我国收集栽培规模大、数据积累基础较好的 12 个主要植物园迁地栽培的约 18000 种植物为基础，共迁地保育植物 15812 种，包括蕨类植物、裸子植物和被子植物。因此，有条件的城市应积极建设植物园，改善城市生物多样性，维护城镇开发边界内的生物多样性，也体现城市对自然尊重与保护的态度，形成极具城市自身特色的生态文明建设名片。

中国科学院西双版纳热带植物园珍稀濒危植物的收集与保育

中国科学院西双版纳热带植物园在我国著名植物学家蔡希陶教授领导下于 1959 年创建，是集科学研究、物种保存和科普教育为一体的综合性研究机构和国内外知名的风景名胜区。该植物园占地面积约 1125hm^2，收集活植物 12000 多种，建有 38 个植物专类区，保存有一片面积约 250hm^2 的原始热带雨林，是我国面积最大、收集物种最丰富、植物专类园区最多的植物园，也是世界上户外保存植物种数和向公众展示的植物类群数最多的植物园（图 5-4）。

图 5-4　中国科学院西双版纳热带植物园

（1）开展西双版纳和普洱地区野外受威胁物种的收集和保育工作

基于对植物野外生存状况的评估结果，植物园系统地开展了野外受威胁植物的考察和引种保育工作。自 2014 年至今，共考察和引种保育西双版纳本土野外受威胁的物种 235 种。保育比例从 28% 提升至 68%；自 2016 年以来，进一步加强了普洱地区野外受威胁物种的引种保育工作，迄今共新引种保育 261 种，保育比例从 50% 升至 66%。在近些年野外调查过程中，发现一些植物新种和中国新纪录种，已正式发表 9 个植物新种和 7 个中国新纪录植物。

（2）进行濒危植物齿瓣石斛物种原地共生萌发技术的探索和回归与保护

齿瓣石斛是一种具有极高的药用价值的传统中药材，野外种群已处于濒危状态。植物园探索了原地共生萌发技术，齿瓣石斛通过种子顺利萌发并逐步发育形成幼苗，最终成功建立人工种群，至 2018 年 3 月有部分植株进入花期，齿瓣石斛物种得到有效的系统保护（图 5-5）。这是兰科植物回归保护的首次成功应用的原创成果，为濒危附生兰科植物的保护提供了一条成功经验，也为石斛栽培产业提供有益的借鉴。项目执行过程中共发表论文 6 篇（SCI 论文 5 篇），获得授权发明专利 6 项。

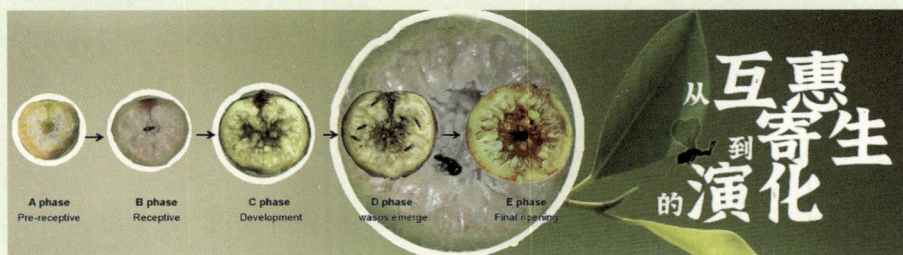

图 5-5 濒危植物齿瓣石斛物种原地共生萌发技术研发

（3）探索极度濒危物种白旗兜兰的综合保护研究和实践

白旗兜兰为全国极小种群物种，2006 年首次报道其在我国云南南部普洱市有分布，共计 3 余丛（株）。为拯救这一极度濒危的种群，植物园历时 9 年多持续对白旗兜兰开展了迁地保护、传粉生物学、种子无菌萌发、种子共生萌发和物种回归等方面的研究和实践探索，植物园与地方保护机构分别在原生境和相似生境的保护区内开展了 5 批次的回归实践。监测结果显示，回归半年的幼苗存活率在 80% 以上，部分植株进入花期。

资料来源：中国科学院西双版纳热带植物园

防止外来物种入侵。外来物种入侵防控事关我国粮食安全、生物安全和社会安全。据生态环境部发布的《2020 中国生态环境状况公报》显示，我国已发现 660 多种外来入侵物种，其中 71 种对自然生态系统已造成或具有潜在威胁并被列入《中国外来入侵物种名单》。我国外来入侵物种呈蔓延态势，但我国外来入侵物种仍存在物种底数不清、发生动态不清和物种扩散风险不清等"家底"不清的问题。2021 年 1 月，农业农村部、自然资源部、生态环境部、海关总署、国家林业和草原局五个部门联合发布了《关于印发〈进一步加强外来物种入侵防控工作方案〉的通知》，要求坚持底线思维、源头预防、综合治理和全面参与原则。2021 年 7 月，农业农村部、财政部、自然资源部、生态环境部、住房和城乡建设部、海关总署、国家林业和草原局七部委共同印发了《关于印发〈外来入侵物种普查总体方案〉的通知》。

外来入侵物种调查与控制，首先，应开展外来入侵物种现状摸底调查任务。对一些关键地区、关键物种如"外来入侵物种调查与控制"进行重点持续监测[①]，分析市域范围内已完成现状摸底调查的外来入侵物种面积、得到控制的外来入侵物种面积以及市域范围内普查后确认的外来入侵物种总面积之间的关系，判断外来入侵物种现状摸底调查完成情况和外来入侵物种控制情况。其次，目前发生在全球范围的生物入侵绝大多数与贸易、运输和旅游等人类活动有关，而将外来物种作为观赏植物进行引种是最主要的引入途径之一。如加拿大一枝黄花的引入就是一个最深刻的教训。因此，应采取相应的防治措施控制外来物种入侵，减少对本地生物多样性的威胁。如在国门处把住关卡，采用大数据分析等手段精准防控，遏增量、清存量，强化制度建设、引种管理、监测预警、防控灭除、科技支撑，建立预置和应急体系，不断健全防控体系，提升外来入侵物种的综合防控能力[②]。最后，提升公众意识，加大公众参与力度。目前来看，人为因素加剧了入侵生物传播，一方面是国际快递行业的兴起，使外来物种入侵渠道多样化；另一方面，部分外来物种被用于牟利，人工种养等方式加剧了传播扩散，如爬宠、异宠等生意火爆，巴西龟等外来入侵物种如被遗弃、放生、逃逸等，给我国本土生物种群和公共卫生防疫带来巨大安全风险。

加强生态安全宣传教育普及。城市生物多样性是保证城市生态平衡的基础，是生态系统服务的保障，在调节城市气候、维护水的自然循环和水源清洁、保持土壤肥力等方面均发挥着重要的作用。生物多样的城市才有

---

① 杨明，周桔，曾艳，等 . 我国生物多样性保护的主要进展及工作建议 [J]. 中国科学院院刊，2021，36（4）：399–408.
② 刘本福 . 防控外来入侵物种，保护国家生物安全——访江西农业大学国土资源与环境学院院长周春火 [J]. 农村百事通，2022（4）：1–5.

可能成为生态系统良好、运转平衡稳定的城市。城市生物多样性也与城市居民的生活和健康息息相关。因此，依托公园、植物园等载体，加大对公众的宣传教育普及，提高全民保护生物多样性、维护生态安全的意识，营造全民参与的良好氛围。

全面提升生态安全宣传教育普及率，主要有以下路径：一是城市管理者树立正确的生态观和生物多样性认知，构建生物入侵方面的信息共享平台或建立外来入侵生物资源库等，营建更美丽、更和谐、更生态的城市人居环境，更为全球贡献出城市生态安全保护的中国智慧①。二是加强宣教和引导生物多样性保护和生态安全维护。借助新媒体平台，举办大型展览、精品科普等系列宣传活动，宣传生物多样性保护、维护生态安全的重要性和取得的成效，组织专家编撰入侵物种形态特征的识别和防治方法的科普文章，让老百姓对大自然心存敬畏，提升生态安全意识。三是敦促广大市民完成城市生态安全下的生活方式、消费观念转变。在科普防范外来有害物的相关知识的基础上，培养全民生态保护意识并自觉参与到防范外来生物入侵的行动中来，减少旅游、异地放生等活动中的无意引进，唤起市民的生态安全意识。

上海植物园面向公众的大型展览和精品科普

上海植物园一直致力于面向公众的科学普及和教育，结合植物园资源的特点，在科学普及、科学传播、环境教育、自然教育、科学教育等方面不断探索、锐意进取、大胆创新。在科普工作中，内容上近年来逐步从科学原理延伸至实际应用；形式上从静态展示拓展至互动参与科普活动；时间上从常规的日间活动延伸至昼夜兼具；地域上已从园内延伸至社区，从上海扩展到国内（图 5-6）。

近年来，上海植物园已成功推出"上植"系列、"精灵之约"系列、"暗访夜精灵"系列、"二十四节气"系列、"科普进商圈"系列、"科学创新实践"系列、自然沙龙、园艺沙龙等系列科普内容和活动体系。通过融合不同形式的科学传播活动与科普内容，充分发挥上海植物园的植物科学、生命科学等领域专业优势和几十年来在科学普及方面积累的经验优势，有

---

① 钟乐，杨锐，薛飞 . 城市生物多样性保护研究述评 [J]. 中国园林，2021，37（5）：25-30.

效地服务广大市民和游客，普及科学知识，引导广大青少年更多地亲近自然、了解自然，进而更积极地参与自然科学的学习和应用。上海植物园先后获上海市科普教育基地、全国优秀科普教育基地、上海市专题性科普场馆、上海首批青少年科学创新实践工作站、自然教育学校（基地）等荣誉，并荣获上海科普教育创新奖科普贡献奖一等奖、国家林业和草原局梁希科学技术奖、梁希科普奖等多个奖项。

图 5-6　上海植物园

资料来源：上海植物园

5.2.2　加强设施建设保障交通安全

到本世纪中叶，全面建成人民满意、保障有力、世界前列的交通强国。基础设施规模质量、技术装备、科技创新能力、智能化与绿色化水平位居世界前列，交通安全水平、治理能力、文明程度、国际竞争力及影响力达到国际先进水平，全面服务和保障社会主义现代化强国建设，人民享有美好交通服务。

——中共中央 国务院《交通强国建设纲要》

道路交通事故导致的人员伤亡以及巨大的经济财产损失使得道路交通安全问题成为社会关注的重点。随着我国经济的发展和汽车普及率的增加，城市交通发展的安全性面临着极大的挑战[1]。作为城市基础设施建设的基础，

---

① 马拉莫，代科 . 基于人性化和智能化理念的城市道路交通安全设施规划与设计 [J]. 工程技术研究，2020，5（1）：206-207.

交通安全设施不仅是城市道路的基本配套设施，也是城市居民的安全保障，对于保障行车安全性和舒适性有着重要的意义。从公园城市建设角度出发，调查城市建成区内道路交通信号与监测设施的配备、道路安全设施的分布、机非分离交通的覆盖等，判断城市交通安全保障设备设施的建设情况，并采取有效措施补齐短板，以最大限度减少交通事故，降低城市道路交通事故万车死亡率。据不完全统计，不同的省份、城市、区县，都根据本地实际，制定了相关标准规范和指导意见（表 5-1），以规范道路安全设施建设。

不同地区道路交通安全设施管理文件　　　　　　　　　　　　　　　　　　　　表 5-1

序号	地区	文件名称	发布时间
1	重庆市	重庆市城市道路交通安全设施管理办法	2017-12
2	广州市	城市道路占道施工交通组织和安全措施设置	2021-11
3	合肥市庐江县	庐江县新改扩建道路交通安全设施"四同步"工作指导意见	2021-10
4	山东省	关于加强城市道路交通信号控制应用工作的指导意见	2021-02
5	杭州市	杭州市小城镇道路交通安全设施设置指导意见	2016-12
6	杭州市萧山区	关于进一步全面整治我区各类道路限高限宽设施设置管理工作的指导意见	2021-01
7	宁波市	宁波市人民政府关于加强道路交通安全工作的实施意见	2013-05
8	福建省	关于加强城市占道施工交通安全管理工作的指导意见	2012-05
9	福州市	福州市道路交通安全设施"四同步"建设指导意见	2020-06
10	泉州市	泉州市道路交通安全综合整治"三年提升工程"实施方案	2016-04
11	漳州市	关于进一步加强道路交通安全管理工作的指导意见	2011-04
12	三明市建宁县	建宁县道路交通安全综合治理指导意见（2020~2022 年）	2020-08
13	遵义市	遵义市城市道路交通安全设施管理办法	2020-02
14		遵义市城市道路交通管理畅通工程实施方案	2013-06
15	山西省	关于加强和改进城市道路交通综合管理工作的意见	2018-02
16		城市道路交通管理设施设置技术规范	2013-01
17	江苏省	关于加强全市道路交通安全设施管理的实施意见	2011-03
18	泰兴市	关于加强泰兴城区道路交通安全管理工作的意见	2017-08
19	广西壮族自治区	广西壮族自治区人民政府办公厅关于加强城市道路交通管理工作的指导意见	2017-03
20	西宁市	西宁市城市道路交通安全设施管理办法	2010-07

城市道路交通安全设施分为安全管理设施和安全防护设施两大类，具体包含内容见表5-2。安全管理设施主要通过指示和引导的方法，确保城市道路安全和舒适。安全防护设施主要减少车辆冲出道路或桥梁的可能性，防止行人、动物进入城市道路；引导车辆正常有序地驾驶，减少驾驶时眩光等干扰；采用合理措施，减少或限制在重点路段的速度，以确保行人或周围设施的安全；发生交通事故时，尽可能减少事故对车辆和相关人员的损伤，且避免二次事故的发生，保护沿线其他设施的安全等。

城市道路交通安全设施分类表   表 5-2

分类	具体包含内容
城市道路交通安全管理设施	交通标志、交通标线、交通信号灯、电子警察监控系统等
城市道路交通安全防护设施	安全护栏、隔离设施、防眩设施、视线诱导设施等

从城市建设角度出发，主要基于人性化、智能化和品质化考虑，加大基础设施安全防护投入，增强设施耐久性和可靠性，完善交通安全生产体系，加强应急救援专业装备、设施和队伍建设，科学考虑城市建成区内道路交通信号与监测设施的配备、道路安全设施的分布、机非分离交通的覆盖等，在设计合理的基础上，确保城市交通安全保障设备设施高效运转，为道路使用者提供安全、舒适、便利的服务，保障车辆行车安全，以最大限度减少交通事故，保障交通安全。

建设施工注重人性化。人民满意是《交通强国建设纲要》的首要目标。城市道路的服务对象是城市中的每一个人，因此更加人性化的设施应该符合不同类型的人的需求。在设计标志标线、护栏、防眩光设施、视线诱导设施等城市道路交通安全设施的过程中，要把以人为本、服务人民、贴近人民的设计理念放在首位，这样才能使基础交通设施满足人的需求，方便人们使用它的功能。各项设施各行其能，各有所用，共同构成完整的道路功能体系，提升城市道路服务能力。

协同推进，突出品质化。城市道路作为城市的骨架，是展现城市风貌、体现城市特色的重要载体之一。道路设施是展示城市形象的窗口，与道路绿地等协同发挥作用。如防眩光设施的设计应与特定的道路条件结合，中央分隔带中的绿色植物虽不是防眩光设施，但除了美化道路的功能外，植被确实可以起到防眩光的安全防护作用。为改善视觉体验并与周围环境协调，城市管理部门在颜色上也更多地使用绿色。根据 2021 年住房和城乡建设部在全国范围内组织开展的《人行道净化和自行车专用道建设调查问卷》结果，超过半数的公众认为自己所在城市的道路景观现状一般，存在景观雷同、缺乏特色、缺乏树荫等问题。"受访者最喜欢的道路"统计结果显示，公众更偏好绿荫覆盖、四季有景、具有人文特色的道路景观设计，但是目前仅有不到 5% 的受访者认为道路绿化景观具有特色，还有近五分之一的受访者表示对道路景观现状很不满意。因此，在保证安全的前提下，如何发挥园林绿化的协同作用，提升景观水平、丰富景观类型、增添文化内涵，从而突出城市的个性特色亟待探索。各地交通和园林绿化部门应加强协作，通过完善路面铺装、景观照明等配套设施，精心布局雕塑小品，一体化设计景观亮化等举措，打造整齐有序的城市外貌，在满足人们安全通行需求的同时提供舒适享受，提升城市品位，切实为市民和游客带来既有"颜值"、更有温度的出行体验（图 5-7）。

图 5-7　柳州道路绿化提升城市品质

持续推进交通智能化。随着城市的快速发展，传统城市道路建设表现出日趋明显的"无所适从"，设备布设凌乱，路面重复开挖，建设与运维成本高，观感差；数据无法整合，存在信息孤岛，缺乏统一部署和有效融合，导致道路治理措施单一；道路智能化水平不足，难以应对自动驾驶场景下的车路协同交互。中共中央、国务院印发的《交通强国建设纲要》提出"推动大数据、互联网、人工智能、区块链、超级计算等新技术与交通行业深度融合"。以数字赋能道路建设已是大势所趋，道路智慧化"正当时"。尤其是在全面推进城市信息模型（CIM）平台建设的进程中，智慧交通作为重要的应用场景，通过试点探索建设车城网平台，进一步打破数据孤岛，将城市道路设施、市政设施、通信设施、感知设备、车辆等进一步多元融合，并接入统一平台进行管理，实现全面感知和车城互联。

青岛市即墨区步行与非机动车交通规划

面向撤市设区后的"即青融合"需求，青岛市即墨区对步行和非机动车交通（以下简称"非机动交通"）品质提出了更高要求。基于非机动交通热力分布、空间分区、路权分配与环境需求等分析，纳入并连通古城巷道、城中村道路、滨河通道等街巷，提出非机动交通网络与健康网络规划方案；串联山、海、河、泉等人文景点，提出马拉松与自行车赛事活动策划方案。以宝龙片区为例，从停车治理、非机动交通连续性设计、公共汽车接驳环境、地铁接驳广场、社区绿道等方面展示非机动交通治理与设计示范，诠释了人本、健康、智慧主题（图5-8）。

图5-8 青岛市即墨区宝龙示范区非机动交通智慧街区示范设计

资料来源：熊文，阎伟标，刘丙乾，等.人本、健康、智慧——青岛市即墨区步行与非机动车交通规划研究[J].城市交通，2019，17（6）：100-110

5.2.3　重视防护绿地保障公共卫生安全

保障居民的安全健康是城市建设、治理和发展的初心和动力。21 世纪以来，重大突发公共卫生事件发生越来越频繁。尤其是新冠肺炎疫情暴发以来，突发公共卫生事件冲击下暴露出的我国城市规划到治理的一系列问题广受关注。2022 年 3 月，新华社联合百度发布《大数据看 2022 年全国两会关注与期待》，公共卫生位列第七。在《城市绿地分类标准》CJJ/T 85—2017 中，防护绿地是指在城市中具有卫生、隔离和安全防护功能的绿地。城市防护绿地的主要功能是对自然灾害和城市危害起到一定的防护以及削弱的作用，如防风固沙、吸收有害气体、降温保湿、洁净环境、美化城市等。防护绿地规划与建设实施是城市卫生安全、生态安全的基本保障之一。但在实际绿地建设过程中，往往只重视短期效果，忽视其应该具备的生态持续性、景观多样性以及游憩观赏性。设置该指标旨在引导各地城市高度重视城市绿地系统规划中防护绿地的功能定位、空间分布及数量要求，切实保证医院、有污染排放的工厂、高速路、高铁、高压线等场地与设施周边有足够的防护隔离，保障人民生命财产安全。

规划科学化。《城市绿地规划标准》GB/T 51346—2019 对防护绿地做了明确具体的要求，在城市各个组团间、工业用地外围、交通用地两侧、水源地周边、污水处理厂周边、垃圾处理设施周边、高压走廊两侧、江河湖海等水体沿岸建设相应宽度的防护绿地，构架城市防护绿地网络，发挥隔离、保护、净化等改善环境作用。防护绿地作为以防护功能为主的绿地，早年各地在编制绿地系统规划的过程中，往往为了规划而规划，防护绿地只是"摆设"或是用于平衡各项指标。对防护绿地的构建和完善刻不容缓。而今，在绿地系统规划的首要定位是发挥其城市生态安全功能的要求下，对潜在环境风险进行客观评估分析，如电厂、垃圾处理厂、化工厂等造成的有毒气体和粉尘污染等，确需设置防护绿地的应进行妥善规划，与整个城市的绿地布局充分融合，以保证绿地的多种功能的正常发挥。

张家口市中心城区防护绿地规划

根据张家口市中心城区的用地情况和实际功能的需要，规划防护绿地类型主要包括河流防护绿地、铁路防护绿地、道路防护绿地、卫生防护绿地、外围公路防护绿地（图5-9）。

图5-9 张家口市崇礼区太子山防护林

（1）河流防护绿地

市中心区内清河两岸大部分被规划为公园绿地，剩余河段沿岸规划为防护绿地，其宽度为120m；宣化区内洋河两岸规划为防护绿地，其宽度为70m；下花园区内的规划宽度为15m。在外围生态保护区中，河流两岸防护绿地的规划宽度为200m。

（2）铁路防护绿地

市中心区的防护绿地宽度为100~200m，局部地段为300m；宣化区内的最小宽度为10m；下花园区内的最小宽度为15m。

（3）道路防护绿地

市中心区道路防护绿地的最小宽度为10m；宣化区的最小宽度为15m。

（4）卫生防护绿地

宣化区内的卫生防护绿地最小宽度为50m，下花园区的最小宽度为70m。

（5）外围公路防护绿地

高速公路防护绿地的最小宽度为60m，公路防护绿地的最小宽度为40m。

资料来源：张家口市城市管理综合行政执法局

建设抓落实。城市防护绿地主要包含城市防风林、道路防护绿地、城市引风林、工业卫生防护绿地、铁路防护绿地等典型类型。在评估分析的基础上，从布局结构体系、防护绿地控制范围、分类规划以及建设指引等，分类实施好各类防护绿地建设，将各类防护绿地规划落到实处。一类是隔离防护类绿地，如城市的绿道绿廊网络体系，是维护区域生态安全格局的基本骨架，可以形成风障以减缓风速，防止粉尘、砂石等对城市的袭击和污染，防止污染物扩散等，也可以有效防止城市无序蔓延，更是动物迁徙的生态廊道，有效维护生态安全。另一类是道路防护绿地，主要作为各类道路的附属防护绿地，发挥交通防护作用，实现吸污降噪等功能。还有一类是安全防护绿地，主要针对污水处理厂、垃圾处理厂、化工厂、高压走廊等的安全隔离，以及重要河湖水源地的保护，在建设时需要遵守环境工程、给水工程、电力等相关行业的规划规范。

效用最大化。我国颁布的关于绿地系统规划与建设的相关标准与规范中，目前规划要求仅停留在其建设宽度的要求上。在公园城市背景下，如何基于安全利用的前提，发挥防护绿地的固碳减排、兼具休闲游憩等效用最大化，是值得探索和实践的。应该有效地把防护对象和防护绿地加以联系，从风景园林规划设计的角度提出相关设计原则和策略，在发挥防护功能的同时，取得良好的生态效益、社会效益。如通过植物配置等，发挥防护作用等生态安全功能最大化，并通过采用城市基调树种等合理规划设计，建成郊区风景区，突出城市的文化特点；发挥"绿肺"效应，带来林下经济等绿色 GDP（图 5-10）。

图 5-10　柳州市瑞安路

5.3　韧性：刚柔并济提升城市弹性

增强城市防洪排涝能力，建设海绵城市、韧性城市。

——2020 年 11 月 3 日《中共中央关于制定国民经济和社会发展第十四个五年规划和二〇三五年远景目标的建议》

安全是城市的生命线，韧性是公园城市应对突发疾病安全威胁或自然灾害必备的抵御力、适应力和恢复力，韧性城市规划为城市应对不确定性风险、降低脆弱性、提升城市系统韧性提供了一个城市安全发展的新范式。近年来国内外韧性城市建设工作热度高涨不减，尤其是新冠肺炎疫情暴发以来，重新唤起了对公共健康的关注，提升城市对突发事件的抵御能力越来越重要。《标准》旨在引导城市掌握洪涝灾害、交通安全、防灾避险、卫生安全、生态安全等现状情况及可能存在的风险隐患，并对其进行定量、定性分析，从而提出有效的风险隐患防控措施，刚柔并济提升弹性。

5.3.1 保护和修复自然调蓄空间

加强城市防洪排涝与调蓄设施建设，优化和拓展城市调蓄空间。

——《国务院关于印发"十四五"国家应急体系规划的通知》

（国发〔2021〕36号）

防洪排涝评价是在海绵城市理念指导下，充分发挥城市各类绿地对雨水的渗透、储存、调蓄、净化和利用等生态功能，有效控制雨水径流，防治城市内涝。

严格保护自然调蓄空间。严格保护城市现存的城市山体、天然水系和绿地生态系统，注重维持河湖自然形态，避免简单裁弯取直和侵占生态空间，恢复和保持城市及周边河湖水系的自然连通和流动性。加强城市海绵绿地建设和滨水空间绿化，扩展城市河湖水系、湿地等雨洪消纳蓄滞空间，在城市建设和更新中留白增绿，结合空间和竖向设计，优先利用自然洼地、坑塘沟渠、园林绿地、广场等实现雨水调蓄功能，做到一地多用，形成功能复合、管理协同的城市公共空间。

合理恢复被破坏的自然生态空间。国务院办公厅发布的《关于加强城市内涝治理的实施意见》（国办发〔2021〕11号）明确实施河湖水系和生态空间治理与修复，恢复并增加水空间，扩展城市及周边自然调蓄空间，修复江河、湖泊、湿地等，保留天然雨洪通道、蓄滞洪空间，构建连续完整的生态基础设施体系。

推进灰色空间生态化改造。城市大量硬化地表对土壤生物及城市环境均造成了巨大影响，对城市生物多样性十分不利。加强对大面积、连片的城市硬化地表进行生态改造，增加透水铺装、植物覆盖面积比例；落实海绵城市建设措施，处理好城市硬化地表与雨洪管理间的关系。加强城市土壤的生态修复，综合采用原位、异位等手段修复城市棕地，同时加强对城市土壤理化性质的监测和综合治理，通过增施有机肥、调整酸碱度等途径改良土壤理化性质，使其具备更高的生物活性。

滇池 COP15 生物多样性宝丰湿地

云南宝丰半岛生态湿地，经国务院指挥办考评和批准，作为 COP15 大会生物多样性室外展示基地之一，由中国城市建设研究院有限公司及中机国际工程设计研究院有限责任公司联合设计，云南省昆明市官渡区具体负责建设。官渡区宝丰半岛湿地（一期）项目占地面积 1633.8 亩，该湿地是展示滇池保护治理，反映滇池自然面貌、自然属性、湿地净化的实景点。在项目实施过程中，主要采取了以下一系列措施：

（1）回归滇池湖滨湿地的原始水环境

水环境、水动力的提升是滇池湖滨湿地生态恢复的重要前提，本次设计摒弃将湿地作为污染处理设施的观念，以生物多样性复育为出发点，在进水口通过生态设施对水质进行处理，保证设施下游大面积湿地拥有良好的水质，为恢复生物多样性奠定基础。

（2）识别和去除外来入侵物种

外来入侵物种会与土著物种竞争食物资源和空间资源，直接导致当地物种的退化，甚至灭绝。对湿地中蔓延迅速、扩张快的外来入侵物种，如紫茎泽兰、水葫芦、红耳龟等进行识别、定向清理及实时监控，严格控制入侵物种入侵途径。

（3）明确目标物种，构建多样生境

经过多次专家会议论证，在湿地恢复十余个滇池原生植物群落，并在场地中合理配植；同时，确定需要招引的目标物种，结合植物群落的构建，营建和恢复多样化的适宜本土鸟类、鱼类、底栖动物生长的生境，达到筑巢引凤的效果。

（4）核心展示区滇池原生植物群落恢复和展示

核心展示区共恢复和展示包括云南特有湿生肋果茶群落、壳斗科植物群落、蔷薇科植物群落、唇形科植物群落、杉科植物群落、鸢尾科群落、莎草科植物群落、凤仙花科植物群落，以及滇池原生沉水植物群落在内的共计 12 个植物群落，共恢复植物种类 101 种，其中包括云南特有植物，如大果枣、牛氏荸荠、冬樱花、绿萼梅等，充分体现云南植物物种多样性。

（5）动物生境构建、动物招引及展示

将鸟类生境的构建与鸟类招引作为重点展示，主要招引的目标鸟类为红嘴鸥、骨顶鸡、家燕、树麻雀、黄臀鹎等曾常出现在滇池的涉禽与游禽。通过塑造微地形、丰富鸟类食源、隔离观察替代近距离游赏、恢复鱼类和底栖动物种群等措施，成功吸引了数十种鸟类来此停留、觅食，鸟类生境营建初现成果。

（6）农田生态复育展示

宝丰湿地内存在大量基本农田，农田原本是生物多样性极其单一的场所，设计团队对农田进行生态化改造，尝试摒弃为效率而生的硬质排水沟渠，替换具有植物缓冲带的生态水渠，将其作为农田生物廊道，以及生物多样性提升的载体。

资料来源：中国城市建设研究院有限公司

5.3.2　蓝绿交织控制地表径流

为落实海绵城市理念，持续推进海绵城市，通过城市绿色空间与蓝色空间（水）、灰色空间（硬质市政设施）的融合、叠加，形成"蓝、绿、灰"协同融合、刚柔并济的城市基础设施体系，采取渗、滞、蓄、净、用、排等措施，提高降雨就地消纳和利用比重，增强城市应对各种灾害和风险的韧性。

发挥生态空间的雨洪调蓄、自我净化作用。《城市绿地规划标准》GB/T 51346—2019 指出，城市绿地规划在保证绿地生态、游憩、景观和防护功能的前提下，宜与海绵城市建设相结合，发挥城市绿地滞缓、净化和利用雨水的功能。《标准》设置"年径流总量控制率""城市内涝积水点密度"等指标，引导城市减少开发建设对生态环境的影响，尽可能保护城市天然水系和现有绿地生态系统，加强城市海绵绿地建设和滨水空间绿化，强化蓄滞洪区建设，扩展城市河湖水系、湿地等雨洪消纳蓄滞空间，增强洪水调蓄能力。

统筹"蓝、绿、灰"，建立刚柔并济的城市基础设施体系。充分发挥各类绿地（绿色空间）的柔化、活化和粘合剂作用，利用绿地"海绵"功能和管网综合建设，增强雨水下渗、蓄积、净化和滞留能力；建设完善供水、排水、供电、供暖、环卫、道路等市政基础设施，建设完善城市综合防灾体系等，刚柔并济，提升城市应对风险隐患的能力和灾后恢复能力与效率。优先采用绿色设施，科学匹配城市排水河道、雨水调蓄区、雨水管网及泵站等工程措施，消除"断头管"现象，多维共治城市积水内涝。鼓励海绵城市技术应用，支持开展海绵型项目建设，实现降雨就地消纳和利用。

玉溪大河上游汇水分区海绵城市建设项目

玉溪市是第二批国家海绵城市建设试点城市，玉溪大河上游汇水分区海绵城市建设项目占地面积 $3.45km^2$，制定系统化治理方案，完成工程项目数量 56 项。其中，海绵化改造老旧小区 28 项，公园绿地项目 3 项，河道水系项目 2 项，道路广场及管网改造项目 19 项，调蓄设施项目 4 项。总计海绵化改造面积约 $186hm^2$，新建市政管网 4.2km，合流制溢流污水调蓄量 $4900m^3$，初期雨水调蓄量 $4560m^3$。该项目于 2016 年 10 月开始，是中国建设科技集团首个 PPP 项目，国有设计院首例设计与资本合作项目，全国第二批海绵城市建设试点工程，为高原地区阶梯形坡地建设海绵城市探索了新路。

（1）推行"1+N"设计理念

以海绵城市建设为抓手，统筹黑臭水体整治、内涝治理、提质增效、城市双修、增绿添色等城建项目，同步规划、设计、建设，系统补齐城市市政基础设施短板，全面提升人居环境。

（2）构建流域系统治理技术体系

践行"流域统筹、系统治理"新理念，针对整个汇水分区制定系统化达标方案，对现状水环境问题、内涝问题、水生态问题等进行定量化分析，采用"源头消纳、过程控制、末端调蓄、综合利用"系统治理策略，通过优化排水分区、源头海绵改造、管网系统优化、多目标调蓄及景观提升等综合性工程措施，实现"水生态良好、水安全保障、水环境改善、水景观优美、水文化丰富"的目标。

（3）弱渗透型土质 LID 设施专用介质开发技术

针对红壤渗透性不强的特征，以及玉溪干热型气候特点，开发出适应于本地土壤和气候特点的 LID 设施功能性介质土，形成了本土特色的雨水花园、高位花坛等典型设施做法参数，取得良好应用效果。

该项目已获得 2020 年"海河杯"天津市优秀勘察设计市政公用工程 – 给排水工程一等奖，2021 年北京工程勘察设计协会"北京市优秀工程勘察设计奖"园林景观综合组三等奖。2019 年 10 月 28 日，受邀赴韩国参加第十九届国际水协会大会，主创设计师在大会主会场发表题为"与绿色雨水基础设施相结合的老旧小区环境提升规划"的主题汇报，介绍了北苑社区、北苑广场的设计改造策略及经验，受到国际相关专业人士的广泛关注和好评（图 5-11~ 图 5-13）。

图 5-11　玉溪市出水口公园湿地

图 5-12　玉溪市北苑广场下沉儿童游乐场　　图 5-13　玉溪市聂耳音乐广场雨水花园

资料来源：中国城市建设研究院有限公司

5.3.3　完善应急避难场所布局

> 增强公共设施应对风暴和地质灾害的能力，完善公共设施和建筑应急避难功能。
>
> ——《国务院关于印发"十四五"国家应急体系规划的通知》
>
> （国发〔2021〕36 号）

城市防灾体系构建是一项系统工程。城市通过评价避难场所的覆盖密度和人均避难场所面积，判断城市应对地震、火灾等防灾体系规划及建设情况，从而有针对性地加强建设与管理，最大限度地防止灾害发生和减少灾害损失。各城市应坚持底线思维，统筹开展全要素、全过程、全空间的风险评估，确定风险等级与防控措施，识别与划定各类灾害风险区，科学规划布局应急避难场所，推动生态网络和防灾网络融合发展，持续推动应急避难公园绿地发挥防灾避险功能，强化安全发展。

科学规划布局应急避难场所。按照我国的规划编制体系要求，城市综合防灾专项规划应明确城市防灾减灾总体要求，确定城市设防标准，完善城市开敞空间系统，优化城市通风廊道，预留弹性空间作为临时疏散、隔离防护和防灾避难空间，谋划灾后中长期安置空间，系统合理布局城市应急保障和服务设施，防范应对自然灾害、安全生产、公共卫生等领域的重大灾害，持续提升城市整体韧性，使得人均避难场所面积、应急避难场所应急处置 500m 半径覆盖率达到要求，并引导满足人均城市大型公共设施具备应急改造条件的面积不小于 $0.1m^2$/ 人的要求。

推动生态和防灾网络融合发展。《住房和城乡建设部关于加强城市绿地系统建设提高城市防灾避险能力的意见》（建城〔2008〕171 号）中明确指出"城市绿地系统防灾避险规划既是城市绿地系统规划的重要组成部分，也是城市防灾减灾体系规划的深入落实"。以城市快速路、公园、绿地、河流、广场等为界划分防灾分区，科学划定、严格管控战略留白用地，在高风险或适宜地区前瞻性布局安全应急设施用地，并做好建设条件储备，预留交通、市政等基础设施接入条件。立足多种灾害综合应对，统筹公共安全设施布局，加强外围区域公共安全设施对首都功能核心区的支撑作用。发挥地下空间抗爆、抗震、防地面火灾、防毒等防灾特性，构建人防等地下空间主动防灾系统。

加强公园绿地防灾避险功能设施配置。自 2008 年汶川大地震发生后，各地的应急避难公园绿地建设成果遍地开花，已基本考虑了城镇居民的避险需求，但经调查分析，发现"有场所，无避灾设施""有空间，无避灾功能""有场地，无避灾标识"等问题并非个例。应急避难公园绿地内设施配置完善与否，直接影响应急避难活动能否顺利开展。针对存在的问题，为保障城市安全，科学引导公园绿地的综合建设，合理发挥公园绿地的应急避难功能，协调公园绿地平时与灾时的功能关系，可参照《公园绿地应急避难功能设计标准》T/CECA 20019—2022 按照不同应急避难绿地分级分类地配备设施、设备及物资等，将防灾避险功能发挥落到实处。

北京市朝阳区北小河公园应急避难场所规划建设项目

为完善北京市朝阳区防灾应急救援体系，提高城市的综合防灾能力，为广大民众提供（如发生地震等突发事件）安全的避难场所，2009 年，北京市朝阳区地震局委托对朝阳区北小河公园，以《地震应急避难场所场址及配套设施》GB 21734—2008 中对 I 类地震应急避难场所的要求为规划标准，按照平灾结合原则，对公园作为应急避难场所进行规划建设并提出改造方案，充分利用公园现有资源，增加应急避险功能的配套设施，发挥公园防灾避险的功能（图 5-14、图 5-15）。

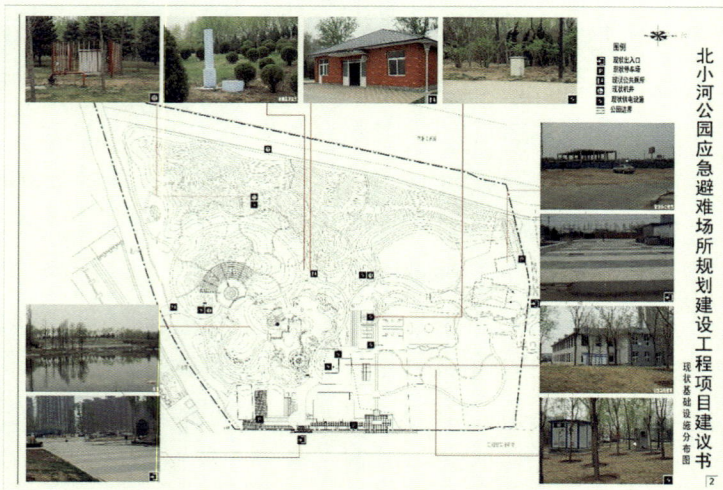

图 5-14 公园应急避难场所规划建设工程项目建议书

图 5-15　公园应急避难场所规划建设工程项目设施意向图

资料来源：中国城市建设研究院有限公司

第 6 章

城市特色鲜明

城市特色风貌是指一个城市富有个性的外在面貌与内在风格的综合体现，是城市实用功能与审美价值的有机统一。习近平总书记高度重视城市规划建设管理工作中城市个性特色的保护与彰显，指出"要突出地方特色""注重文明传承、文化延续，让城市留下记忆，让人们记住乡愁"。每个城市都有其独特的自然禀赋和特有的地方感知，公园城市建设需要强化、彰显个性与特色，让老百姓在望得见山看得见水的同时"记得住乡愁"。特色风貌着重强化城市个性与地域特色，突出历史人文内涵和时代特色风貌，围绕自然风貌格局、市容风貌和城市整体形象、城市风貌特色、历史文化与自然资源保护利用四方面构建指标体系，引导各地城市通过城市设计、城市修补等彰显个性特色，保护传承历史文化、传统建筑、民俗工艺等特征基因，保护利用古树名木等，由内而外增强城市吸引力和竞争力，避免出现"千篇一律、千城一面"。通过"自然风貌格局保护修复""历史文化遗产保存利用""古树名木及古树后备资源保护率"等评价指标，引导城市注重对自然、生态、历史、文化等要素的保护和合理利用，在保护和修复的基础上，进一步活化利用自然文化资源（图6-1）。

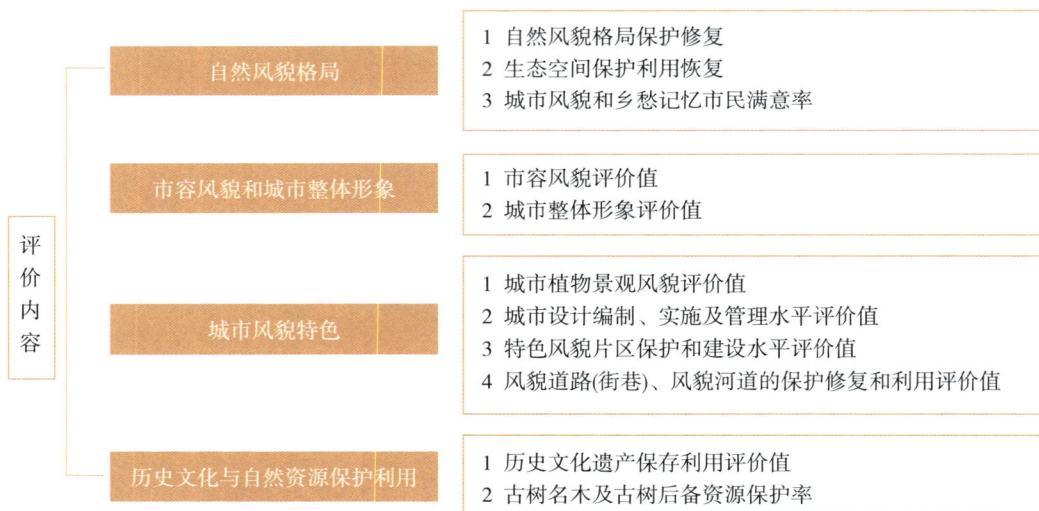

评价内容	自然风貌格局	1 自然风貌格局保护修复 2 生态空间保护利用恢复 3 城市风貌和乡愁记忆市民满意率
	市容风貌和城市整体形象	1 市容风貌评价值 2 城市整体形象评价值
	城市风貌特色	1 城市植物景观风貌评价值 2 城市设计编制、实施及管理水平评价值 3 特色风貌片区保护和建设水平评价值 4 风貌道路(街巷)、风貌河道的保护修复和利用评价值
	历史文化与自然资源保护利用	1 历史文化遗产保存利用评价值 2 古树名木及古树后备资源保护率

图6-1　特色风貌板块评价内容

6.1　格局：保护自然风貌格局

城市自然山水格局是经过长久演化形成的，是历史的积淀，是由山—水—城相互作用而形成的，它将自然生态本底作为城市空间形态发展的基础，为城市的生态环境提供大骨架。自然要素与人工要素不断相互渗透影响，自然山水与文化内涵不断融合，孕育出城市山水文化，共同构成了城市独特的风貌格局。因地制宜保护恢复自然山水格局，保护利用祖祖辈辈积累、传承下来的自然文化遗产、遗存，除保护好山、水本身资源外，还应控制山体、水体周边用地功能、建筑、景观风貌与其协调，结合城市环境特征，打造观赏效果良好、景观特征鲜明的城市节点，营造环境优美的蓝绿空间和开放空间，突出"城在景中，景在城中，城景交融"的城市自然风貌特色。各地在推动公园城市建设过程中，应坚持以人为本，秉承"人民城市为人民"的宗旨理念，关注人民的物质与精神需求，关注人的切实感受，注重公众参与，通过城市风貌格局和乡愁记忆的保护与塑造来提升"市民对城市风貌格局、乡愁记忆的满意度"。

6.1.1　保护自然山水格局

近年来，国家对于自然山水格局越来越重视，住房和城乡建设部在总体城市设计层面专门对自然山水格局提出了极其明确的要求："总体城市设计应确定城市风貌特色，保护自然山水格局，优化城市形态格局，明确公共空间体系。"自然山水是城市的基底，保护山水格局，提升城市风貌，公园城市建设要体现尊重自然、顺应自然、天人合一的理念，让城市融入自然。对于山水格局的保护，重点从山水基本骨架、山水自然形态等方面进行自然风貌格局保护修复，统筹城市山水格局与城市的各类景观空间进行统一打造和利用。

保护好城市山水基本格局。城市空间结构主要是依附于山水的自然脉络进行搭建，把山水作为空间形态的基本要素。城市结构充分结合和尊重自然山水格局，以山水景观为主体，打造景观系统，为城市景观系统提供屏障，以山、水为锚固点梳理城市中各个要素和它们之间的关系，围绕山水自然环境组织城市主要的街道、公园、广场等公共开放空间和公共服务设施，将城市与自然山水融为一体。注重对山、水、田、园的整体保护，加强自然生态要素体系的网络化、连续性，构建城市的山水格局，使城市建设与自然和谐统一。

充分展现山水整体自然形态。 保护城市整体山水形态，结合绿线、蓝线划定山水边界，明确山水空间主体功能，加强山水周边生态环境保护力度，对山水及周边的建设进行严格控制，对建筑高度、色彩、风貌严格控制，不得破坏山水整体景观性。建筑物、构筑物及景观不应遮挡或影响完整的峰体景观，尊重现有绿化，有条件地段设置两排行道树，加强两侧立面整治，整体景观及街道设施体现端庄大气的空间气质，通过多级公共开放空间引山水入城，结合功能、建筑、景观的多方面引导强化城市与自然环境的联系，进一步优化城市的生态网络。

自然与人文和谐统一。 在中国古代传统文化中，山水文化作为宗教、哲学、美学的载体，展现了古人的宇宙观、人生观，构成了中国山水文化的风貌和内涵，深刻影响着人们在精神层面的追求与价值观，并且在城市建设上体现了对山水理念的追求。一些城市利用山体、水系所塑造的场所空间结合当地传统催生出具有地域特色的民俗活动，如登山、赛龙舟、唱花鼓、舞龙灯等，也为当今城市公共空间的形成提供了物质基础，促进了文化交流传播。要充分利用城市地形地貌和生态环境，借山用水，融入城市人文特色，营造具有地域特色的城市空间。在规划中更加偏向于与自然生态的有机结合及以人性化尺度来塑造，通过与自然相融的整体格局塑造、存量空间利用等方式构筑城市空间特色。

临山亲水，统筹战略规划，营建无锡山水之城

江南无锡，山在城中，城在湖边。"湖上青山山里湖，天然一幅辋川图"，清代诗人钱国珩的诗是对无锡山水之城的最佳注脚。多年来，无锡市上下齐心、倾情勠力守护绿水青山，围绕山水格局保护，从战略规划、水体治理、山体修复等层面实施了山水资源保护项目，高标准统筹生态保护修复，高质量构塑绿色宜居空间，谱写了生态优先绿色发展新篇章，打造出"山水人城和谐相融"的城市样板。

1914年，工商实业家荣德生先生在《无锡之将来》中开启了无锡以蠡

湖为中心的山水城市建设构想，历经 1956 年至 2001 年的五轮城市总体规划，始终保持山水相依的城市形态，沿湖沿山布城，引山水入城；《无锡市国土空间规划（2021~2035）》统筹"山水林田湖草"全要素保护，构建以湖、山为重点保护片区，江、河、绿地为主要保护脉络的市域生态安全保护格局，打造中心城区"一湾两环、三山九水"的山水格局。

　　自 2002 年起，无锡市陆续启动太湖治理、蠡湖治理、惠山青龙山保护和大运河无锡段、梁溪河整治等重点工程，大力推进河道环境综合整治和美丽河湖建设，全面实施山体、水体等生态修复，解决了长期存在的环境污染、围湖造田、乱开乱挖等问题，山水空间不断优化。通过落实 1324.7km^2 生态空间保护以及生态环境系统治理，如今无锡市区 80 余座山体、2100 余条河流等生态资源得以保护和修复，山水骨架清晰明朗，已从栖息在运河两岸的运河名城蜕变成滨江达湖的山水名城（图 6-2）。

图 6-2　无锡市山水格局

资料来源：无锡市市政和园林局

6.1.2　系统恢复自然风貌

　　城市之美，美在城市的自然风貌，公园城市建设通过设置"自然风貌格局保护修复、生态空间保护利用恢复"指标，加强对城市自然风貌的维护和建设，引导重要区域及周边区域规划建设与生态空间格局及其绿色生态定位相匹配。对城市山、水、林、湖等主要自然要素进行保护修复，正确处理各类要素之间的布局关系，协调自然要素与建筑环境的融合，对自然风貌进行整体管控。从整体空间和自然要素两个维度，引导各地在推动公园城市建设过程中，加强对城市各类生态空间内各类生态要素的保护、恢复、修复和可持续利用，营造城市良好的自然风貌格局。

　　加强城市总体自然风貌塑造。依据自然环境特征和城市发展脉络，对城市特色资源进行识别和评估，明确区域整体特色定位，妥善处理城市建设与自然山水、历史文化资源保护的关系，构建"错落有致、疏密有度、显山露水、通风透气"的城市总体空间格局。充分利用城市的山体、水体、林地、沟塘等自然景观，确定主要景观视廊的位置，对重要的公共开敞空间和公共活动场所提出引导要求；通过道路、水体预留视线通廊，控制视线通廊内的建设，使内外景观连通，预留视线廊道，做到显山露水；科学划定城市自然景观风貌分区，明确各分区景观风貌主题，对建筑风格、城市色彩、街道界面等提出导控要求。

自然山体景观风貌恢复。以城市山体为核心，严格控制城市整体风貌和景观视觉引导，突出城市山体资源的独特魅力。山体周边保护绿地在满足安全防护需要的同时，应避免过多人工建设，采用自然原生态形式，保护自然生态环境。通过构建山地绿道、山水廊道等，将城市山体嵌入城市绿地网络中，形成山水林城湖为一体的完整生态系统。同步推进构建城市山体生态网络，应在巩固城市山体修复成果的基础上，对区域范围的生态环境做系统评估，确定重点自然山体林地保护和修复区域，并通过建立大型生态绿楔等形式，串联城市内外山体和生态空间。

自然水体景观风貌管控。深入挖掘水系的历史价值，构筑滨水整体景观体系，加强对穿过城镇建成区的河段两岸景观环境控制。水体周边强调视线通透，营造观景平台。除必要的景观建筑外，应严格控制滨水地带沿岸的建设，以保证岸线地区获得较好的景观视线和景观效果。注重建筑立面设计，融入环境，充分利用借景、对景等手法，发挥自然条件，塑造内外景观交融的滨水景观。水体岸线建设处理应注重景观效果与使用功能相结合，尽量保证沿岸用地向公众开放的便捷与舒适性。保护河道网络，通过区域整体生态环境的改善，保证水系的完整性，保护重要水系河道形态。严禁削山填湖、断流改河、乱占耕地挖湖造景等破坏自然生态系统的行为。

桂林山水风貌保护与修复

桂林是"山水甲天下"的风景胜地，拥有世界范围内具有突出美学价值的喀斯特山水组合，城区风景有奇山、异洞、秀水、名园之绝。桂林山水风景具有丰厚的文化意蕴，历代摩崖石刻种类之繁多、内容之丰富、形制之大，为国内罕有。桂林山水入城的整体风貌是国内城景相融典范，桂林山水是浑然天成的自然园林。

通过挖掘山体的历史文化价值，结合景点建设，完善展示设施，保护和展示其相关的文化遗存；加大林地种植维护力度，减少水土流失，防止地质灾害的发生，保护山体整体风貌完整；保护各大山脉的景观特征和生态环境，严格控制山体及周边的建设行为，综合保护自然、人文景观突出的山体。

对于水体的保护，深入挖掘水系的历史价值，构筑滨水整体景观体系，加强对穿过城镇建成区的河段（如穿过桂林城区段的漓江、穿越兴安县城的湘江等）两岸景观环境控制；改变水系人工技术工程护岸的现状，加强生物多样性保护，加大水源林、天然林的保护力度，减少水土流失和江面淤塞，促进水系生态安全良性循环；保护上游水源林，建立健全调蓄系统，科学调配水资源，有效解决漓江、遇龙河等重要景区河流枯水期缺水问题。保护以漓江、湘江（桂林段）、桂江为主的河道网络，通过区域整体生态环境的改善，保证水系统的完整性，保护重要水系河道形态，全面保护桂林水网支系（图 6-3）。

图 6-3　桂林山水

资料来源：中国城市建设研究院有限公司

6.2　内涵：延续传承历史文脉

历史文化是城市的灵魂。无论是脉络清晰的老城格局，还是青瓦白墙的民居、古色古香的特色村落、特色传统建筑，这些文化遗迹都是城市历史的见证。当我们回望、游览、欣赏这些遗迹时，可以感受到城市古老的精神，体会到不同时代的生命脉动，文化遗产将人们与历史连接。唯有尊重城市发展规律，有效保护文物遗迹，才能让城市文脉传承下去，以文脉滋养城市灵魂。注重历史人文和自然环境的整体保护，保护各类历史文化遗产，保护古树、古桥、古井及传统路面铺装等特色历史要素，保护城市生活文化特色和非物质文化遗产。保护建筑肌理，控制建筑高度和尺度，延续建筑与周边自然风貌相互依存的格局形态和空间尺度。改善城市环境与基础设施，在保护的基础上合理开展修缮与更新，提高居民生活质量。

6.2.1 保护利用历史文化遗产

历史文化遗产承载着中华民族的基因和血脉，不仅属于我们这一代人，也属于子孙万代。要敬畏历史、敬畏文化、敬畏生态，全面保护好历史文化遗产，统筹好旅游发展、特色经营、古城保护，筑牢文物安全底线，守护好前人留给我们的宝贵财富。

——2022 年 1 月 27 日，习近平总书记考察调研
世界文化遗产山西平遥古城时的讲话

保护历史文化遗产，要坚持保护第一、强化系统保护，牢固树立保护历史文化遗产责任重大的观念，统筹历史文化名城、保护历史文化街区、文物保护单位等各类历史文化遗产保护，加强城市非物质文化遗产保护，维护历史文化遗产的真实性、完整性、延续性，牢牢守住文化遗产保护底线。公园城市建设，通过加强对"历史文化遗产利用评价"，正确处理历史与当代、保护与利用、传统与创新、资源与环境的关系，切实做到在保护中发展、在发展中保护，积极推进创造性转化、创新性发展，更好提炼展示中华优秀传统文化的精神标识，让历史文化遗产在新时代城市建设中焕发新生、绽放光彩。

建立完善历史文化保护传承体系。按我国现行的法律、政策，可以把历史文化遗产的保护分为 3 个层次，即保护文物保护单位、保护历史文化街区、保护历史文化名城，这种分层次的保护方法是历史文化遗产保护工作多年来的经验总结，是解决保护与城市发展的矛盾的有效途径。从整体层面，首先全面开展历史文化资源普查和认定，深入挖掘具有保护价值和纪念意义的历史文化遗存。其次，推进历史文化名城名镇名村、历史文化

街区、文保单位等各类文化遗产的分层级保护，厘清其级别层次和空间分布系，全面保护与重点突出相结合，做到具有明显地域和历史文化特色的传统建筑、优秀近代建筑、历史街区应保尽保，提高历史文化遗产保护率。根据不同年代的文物古迹的历史价值和特点，有针对性地进行保护，提出不同的保护要求和措施。提高历史文化保护信息化水平，构建分级分类保护名录。

促进文化遗产创新利用。坚持以用促保，丰富载体，创新业态，探索历史文化资源与新技术新应用的跨界融合，开展整合化利用、活态化展示、具象化传播，依托历史建筑、历史文化街区等建设文化展示及特色商业、休闲体验等功能区，积极发展文化创意产业，充分发挥历史建筑的使用价值，不让历史建筑脱管失修、修而未用、随意闲置。采用微改造的"绣花""织补"方式，以小规模、渐进式的节奏，维护整修历史建筑，协调整治建筑景观，推进历史文化街区保护修缮及活化利用。严禁在历史文化名城和街区保护区内大拆大建、拆真建假。对于非物质文化遗产，其保护可与其他空间载体的保护相结合，将特色鲜明、形式和内涵保持完整的一些非物质文化遗产代表性项目进行区域性整体保护，结合文物保护单位和历史建筑，设置专题博物馆，在保护物质文化遗产的同时，宣传、普及非物质文化遗产的相关知识。加大对非物质文化遗产展示场所的投入，定期开设展示、体验、科普活动。摸索各种非物质文化遗产展示渠道，将各种传统戏剧和音乐、民俗活动、手工技艺等非物质文化遗产代表性项目与旅游项目关联起来，形成独特的旅游线路，宣传展示地方特色。与各类文化创意产品相结合，将城市非物质文化遗产资源转化为具有经济价值的产品。

北京中轴线保护

北京中轴线，南起永定门，北止钟楼，全长 7.8km。它是北京旧城传统城市空间之魂，统领城市骨干，体现了珍贵的历史价值和深刻的时代烙印，串联了丰富的文保资源和历史街区。为落实《北京城市总体规划（2016 年~2035 年）》要求，北京全面统筹遗产要素，编制《北京中轴线保护管理规划（2022 年~2035 年）》，规划明确，中轴线遗产保护区域合理划定为遗产区及缓冲区，共计 51.3km^2 的空间里，遗产全貌完整展现；北京市还将结合遗产特点制定覆盖全要素的保护管理措施。通过中轴线申遗保护工作，促进其整体格局的完善和文化内涵的挖掘，进一步加强旧城整体保护，能够延续其辉煌的发展历程，形成面向世界的首都文化展示窗口，又可以推动中轴线周边地区的保护与整治，提升地区整体活力。

（1）合理划定保护范围

从保护北京中轴线突出普遍价值、真实性和完整性出发，划定分层级保护范围，制定明确的保护管理要求，建立完善的保护管理、遗产监测机制，制定文化遗产及其周边城市环境的保护与整治措施。针对各遗产构成要素类型多样、形态各异、空间多点的特点，规划合理划定了中轴线遗产保护区域。总面积约5.9km²的遗产区，包含承载遗产价值的15处构成要素，以及构成要素之间必要的连接区域。缓冲区覆盖面更广，约45.4km²的空间包含位于遗产区周边且与中轴线形成和发展联系紧密的区域。

（2）严格进行风貌管控

制定中轴线遗产区和缓冲区的风貌管控指引，使中轴线遗产区与缓冲区风貌形象与环境水平均达到申遗标准，同时促进老城整体风貌品质提升。重点保护内容：①传统的中轴线布局与建筑有可能恢复的应尽可能恢复原貌；②与中轴线相互呼应的个体建筑或群体建筑也应得到很好保护；③中轴线是北京故都低水平天际线的制高点，在其周围的建筑无论是从空间上还是从高度上，都应考虑对中轴线的影响；④中轴线延长线的文物保护也不能忽视（图6-4）。

图6-4 北京中轴线

6.2.2 注重古树名木及古树后备资源保护

保护保留乡村风貌，开展田园建筑示范，培养乡村传统建筑名匠。实施乡村绿化行动，全面保护古树名木。

——《中共中央 国务院关于实施乡村振兴战略的意见》（2018年）

古树名木是指树龄在百年以上的稀有、珍贵树木，具有极其重要的历史、文化价值、纪念意义的林木。古树名木是中华民族悠久历史与灿烂文化的象征，是自然界和前人留下的无价之宝，是研究当地植物区系起源、演化、历史变迁的"绿色活化石"，公园城市建设中要重视提高"古树名木及古树后备资源保护率"。作为珍贵树木和珍稀、濒危植物，古树名木及古树后备资源在维护城市生物多样性、生态平衡和环境保护中有着不可替代的作用，同时也是城市重要的旅游资源，对发展旅游经济具有重要的文化和经济价值。由于城市生态环境的恶化、病虫害、人类活动等多重因素的作用，古树名木资源存在退化、老化甚至消减的现象，需要加强城市古树名木的全面调查并采取必要的保护措施，提升"古树名木及古树后备资源保护率"。

全面进行古树名木及古树后备资源普查。采用实地调查和访问群众相结合的方法，对城市的古树与名木进行每木调查，调查内容可包括树种、位置、树龄、树高、胸径、冠幅、生长势、权属、管护单位或个人、树木特殊情况描述等。建立古树名木及古树后备资源档案和标志，并进一步深入调查古树名木及古树后备资源史料，挖掘古树名木及古树后备资源的文化内涵。将古树名木及古树后备资源信息进一步数字化，构建古树名木数据库。

多元化进行古树名木及古树后备资源保护。加大宣传力度，通过多途径、多形式地宣传古树名木及古树后备资源保护的重要意义以及相关法律、法规，提高群众对古树名木及古树后备资源的保护意识。加强立法，通过建立古树名木及古树后备资源保护制度、法律、法规、标准等，使古树名木及古树后备资源保护管理工作纳入法制化管理轨道。保护生长环境，加强古树名木及古树后备资源的日常养护管理，清除古树名木周围乱堆、乱放、乱搭乱建的建筑物和垃圾等，改善古树名木生长的立地条件，增加营养面积。设立保护设施，对古树及古树后备资源建立必要的防护措施，如建围栏、补树洞、建围墙、立支撑等。开展古树名木及古树后备资源保护复壮技术研究，对生长势较差的古树，通过肥水管理、修剪、有害生物控制、防腐与树洞处理等技术措施进行复壮，促进古树名木生长。对古树群周围应划出建设控制地带，保护古树群的生长环境和风貌。

提升古树名木及古树后备资源维护管理水平。加大对古树名木及古树后备资源保护管理资金的投入，建议设立古树名木及古树后备资源保护管理专项基金，确保古树名木保护工作的顺利开展。安排古树名木管理的专业人员，同各大科研院所积极合作，建立对衰弱古树进行科技复壮的研究队伍，组织抓好监督检查、培训与推广、病虫害防治、档案管理、科技复壮等工作。

厦门建设古树公园，"一树一园"扮靓城市高颜值

古树名木作为"植物活化石"，是厦门城市绿化的重要组成部分，截至 2022 年 3 月，厦门市现有登记在册的古树名木 1788 棵，树龄超过 500 年的一级古树 66 棵，树龄在 300~499 年的二级古树 312 棵，100~299 年的三级古树 1390 棵，另有名木 20 棵。厦门市古树名木树种共 45 种，主要有榕树、杜果、马尾松、樟树、秋枫、黄连木等，其中榕树 1394 棵，占总量的 77.9%。厦门市绿化部门在保护古树的基础上，创新建管模式，大力推行"一树一园"，鼓励各区积极增加古树公园建设，因地制宜，挖掘古树名木文化、生态功能，打造古树主题的休憩区和小公园。截至 2021 年，厦门市共建古树公园 90 多处。

2020 年 7 月正式开放的海沧区大垠公园，在公园设计时以生态优先、尊重场所精神为基础，保留古榕树群，使之成为景观内部相连的公共空间；通过对现状古榕树和阔荚合欢进行保护和利用，增加红皮榕、小叶榕、大叶榕、高山榕、富贵榕等榕属品种，丰富园区绿化，也形成了绿色基调树种，打造满足居民休闲及工作人群交往需求的活力创新场所。将原地块的 5 棵古榕与新种植的樱花花海等巧妙搭配，形成多层次、多节点景观。置身于这座园林设计感十足的公园里，8 个景点巧妙分布连点成线，给市民游客带来参与感十足的游园体验。其中，何氏家庙后方的 2 棵古榕与周边的儿童游乐设施形成"古榕童欣"景观。保留完好的何氏家庙、古榕与现代化的园林融合统一，为公园增添了不少历史文化氛围。此外，在公园另一角、地势较高处，还有 3 棵古榕，靠近生长，已连成一片小树林，也成为公园一景"榕荫花境"。据园林专家初步判断，树龄约为 80 年，作为后备古树资源，提前得到园林人精心养护照顾，大树周边环境得到整体改善，如今古榕树下有可供坐谈的桌椅，常有市民沿着公园的石板步道走到树下拍照、休闲。大垠公园的古树保护做法，既保护了古树，也让古树成为公园的亮眼元素，为城市"高颜值"添彩（图 6-5）。

图 6-5　厦门市海沧区大埝公园 "古榕童欣"（左）和 "榕荫花境"（右）

资料来源：厦门市市政园林局

6.2.3　守护城乡居民乡愁记忆

要妥善处理好保护和发展的关系，注重延续城市历史文脉，像对待 "老人" 一样尊重和善待城市中的老建筑，保留城市历史文化记忆，让人们记得住历史、记得住乡愁，坚定文化自信，增强家国情怀。

——2019 年 11 月 2 日，习近平总书记在上海考察时的讲话

文化是历史的积淀，存留于城市建筑间，融汇在生活里。文脉作为文化演化发展的历史轨迹，是人、自然环境、建成环境及其相应的社会文化背景之间一种动态的、内在的本质联系的总和。地域文脉通过城市的物质空间环境被人们感知，公园城市建设中，杜绝随意拆除老建筑、搬迁居民，保护城市空间肌理、街巷尺度、文物与历史建筑，延续城市历史文脉，留住居民的乡愁记忆，提高 "市民对城市风貌格局、乡愁记忆的满意度"。

保留利用既有建筑。城市发展演变过程中，尽可能保留大量具有历史价值的体育馆、影剧院、博物馆、火车站等公共建筑，这些建筑具有不同时代特征，兼具技术与艺术价值，体现了城市特定历史时期的文化特征，成为城市的特色标识和公众的时代记忆。不可随意迁移、拆除历史建筑和具有保护价值的老建筑，加强对这些建筑的修复与利用，防止长期闲置而损坏。

保持老城格局尺度。老城格局是居民生活方式与行为习惯的表现，体现了不同历史时期的营城理念，是传统智慧的延续。城市发展进程中，不破坏老城区传统格局和街巷肌理，不随意拉直拓宽道路，不修大马路、建大广场。鼓励采用 "绣花" 功夫，对旧厂区、旧商业区、旧居住区等进行

修补、织补式更新，严格控制建筑高度，最大限度保留老城区具有特色的格局和肌理。

提升居民满意度。保护城市的老街巷、老建筑，留住历史风韵，留住城市既往的温度。"一砖一瓦总关乡，一檀一椽皆是情"，通过公园城市建设，视城市为有机生命体，在"旧城改造"中引入"有机更新"理念，守住居民的乡愁记忆，增强老城区的宜居性、持续性、生命力，让老城区在快速发展中留住记忆，让乡愁在历史街巷中保存延续，提升居民归属感与满意度。

杨梅竹斜街打破邻里藩篱，焕发街巷新活力

在《北京城市总体规划（2016年～2035年）》明确提出疏解减量谋发展、老城整体保护、"大城市病"治理与强调精治、共治、法治的基础上，东城区、西城区、海淀区、朝阳区、丰台区、石景山区等纷纷展开了街区更新工作。西城区率先以一系列措施与城市设计导则自上而下地开始了街区整理工作，其中中国城市建设研究院扎根7年改造的杨梅竹斜街被评为模范宜居修缮试点项目。

杨梅竹斜街保护修缮试点项目已腾退居民790户（含非住宅），疏解人口约2063人。杨梅竹斜街内拆除违建53处，广告牌匾51处。场域建筑在立面改造中的15处历史建筑得到原汁原味的保护，25处重要风貌建筑立面得到原真性修缮，75%普通建筑立面按照不同建筑元素进行弹性设计与改造。杨梅竹斜街66~76号院夹道，是一个数百年间里各种建筑"扩张与挤压"而形成的一条长度66m的不规则空间，其中最宽处不足4m，最窄处为1m，实际上是一个由5户居民共享的通道。通过对5户人家展开了长达一年的点对点调研，经过反复衡量居民的生存逻辑与趣味爱好，最终决定为夹道5户20余位居民建立"共享花草堂"，通过对花草种植的共同爱好打破邻里藩篱，通过美好的生活分享体验社区的归属感（图6-6）。

图6-6　杨梅竹斜街公共空间营造

资料来源：中国城市建设研究院有限公司

6.3　风貌：彰显地域特色风貌

　　城市特色风貌是一个城市形象的重要体现，它使城市得以延续、发展并发挥其传播文化的基本功能。通过地域特点、城市代表性要素的推广应用，由内而外地彰显地域特色。充分挖掘利用特殊的地形地貌、乡土植物、民俗风情等城市特色要素，找准城市长期发展建设过程中积淀形成的富有特色的历史空间和城市文脉等特质基因，在城市景观风貌建设中予以固化、强化和再现，打造特色风貌片区。

6.3.1　提升市容风貌

　　长三角区域城市开发建设早、旧城区多，改造任务很重，这件事涉及群众切身利益和城市长远发展，再难也要想办法解决。同时，不能一律大拆大建，要注意保护好历史文化和城市风貌，避免"千城一面、万楼一貌"。

　　　　　　　　　　　　——2020 年 8 月 20 日，习近平总书记
　　　　　　在主持召开扎实推进长三角一体化发展座谈会上的讲话

　　市容风貌是展现一座城市建设水平的窗口，体现了城市的颜值和气质。对于居民来说，城市街道干净整洁、景观宜人、生活惬意，是对市容风貌的直观感受。通过从城市整体形象、特色风貌营建两方面来打造公园城市市容风貌，设置"城市容貌评价值、城市整体形象综合评价、植物景观风貌评估、特色风貌片区保护"等建设指标，彰显城市特有的地域环境、文化特色，营造更舒适、更亮丽的人居环境。

　　提升城市整体形象。加强城市建设区域与山水林田湖草等自然环境的布局关系，优化开发保护的约束性条件和管控边界，塑造富有特色的集中建设区空间形态；研究城市开敞空间布局与自然山水的对应关系，从重要廊道和节点、天际轮廓线与开发强度高度控制等方面开展空间秩序管控，提升城市整体空间品质与价值。

营造城市特色风貌。根据城市不同地区的特点，划分城市特色风貌片区，每个分区从强化现有特色，改善现状问题入手，提出相应的植物景观风貌、建筑改善提升等策略和建议，强化城市景观系统的特色服务。应结合自然山体、水系等形成空间结构骨架，加强历史文化风貌地段注重保护，新建建筑强调与地方特色相结合，体现整体风格协调与时代特征。文物古迹单位周边的建筑在满足退让要求的同时，严格控制其建筑高度与建筑密度，建筑的形式、体量及色彩应与文物古迹相呼应、协调。文物古迹保护范围外围的建筑高度应采用有效处理方式与低层建筑区的建筑高度形成缓和过渡，建筑整体风貌应与低层建筑区协调一致。建筑设计应与周边环境设计整合，形成整体和谐的风貌，主张就地取材，运用本土建筑工艺与材料，力求原汁原味展现本土建筑风貌。对于景观环境营造，以人为本，注重日照、通风、视线、景观、活动场所、小品、绿化、交通流线、文化等实用性能，做到实用性与观赏性统一，利用乡土植物，彰显乡土气质。

柳州市用植物打造"洋紫荆"特色城市品牌

　　柳州是广西的中心城市之一、西南地区的交通枢纽、山水风貌独特的国家历史文化名城。2018年底，"洋紫荆"成为柳州市市花，柳州市委市政府提出打造全新的"紫荆花城"文化旅游形象品牌，推进紫荆花文化产业发展。柳州市在城市道路、公园、广场、小游园中广泛运用"洋紫荆"，栽植数量近30万株，全市著名赏花点共20余个，每年3~4月，整座城市犹如一个大花园，许多外地游客纷纷慕名而来，扩大了柳州的城市知名度和影响力（图6-7）。

　　通过紫荆花打造"一花""一廊""一院"，逐渐成为柳州市一张亮丽的城市名片，"洋紫荆"正逐步向全国人民展现柳州"紫荆花城"独特的自然景观文化魅力。

　　（1）"一花"：精美文创产品。至今，柳州市已开发紫荆花主题文创作品40余种120余

图6-7　柳州市"洋紫荆"装点城市

款；柳州历史类、民族类、地域文化特色类文创产品 90 余种 280 余款；文创作品内容涉及瓷器、陶器、茶具、珐琅盘、银饰、团扇、柳砚、书签、笔记本、雨伞、保温杯等，充分展示柳州独特魅力，挖掘柳州文化内涵，讲好柳州人文故事。

（2）"一廊"：紫荆花创意廊。其分为科技互动体验区、紫荆花文创精品展区、历史文创精品区、民族文创精品区、柳砚文创精品区、手工互动休闲区六个展区，为柳州文化和旅游融合的精品景区，是推广柳州紫荆花文化、传播人文精神、承载厚重历史、推介和展示柳州旅游地域资源的重要举措。

（3）"一院"：紫荆花书院。以紫荆花文化为创意，从紫荆花的形、神、意、韵等来进行空间营造，是柳州文化"网红"新地标。

资料来源：柳州市园林和林业局

6.3.2 加强城市设计

美术、艺术、科学、技术相辅相成、相互促进、相得益彰。要发挥美术在服务经济社会发展中的重要作用，把更多美术元素、艺术元素应用到城乡规划建设中，增强城乡审美韵味、文化品位，把美术成果更好服务于人民群众的高品质生活需求。

——2021 年 4 月，习近平总书记在清华大学考察时的讲话

立足地域文脉保护传承，以文脉梳理、价值评价、特色提炼等为基础，从"总体格局—街区建筑—节点空间"等不同层面加强城市设计，彰显城市特色风貌，提升公园城市建设品质。加强城市空间规划管控，将城市设计内容纳入空间管控范围，控制开发强度、建筑高度、建筑色彩和建筑风格等，加强城市中心区、主要街道、重要广场、滨水空间、城市出入口等重要地区、重要节点城市设计，有效规范、合理建设。

延续地域文脉特色，确定城市总体空间格局。确定城市整体形象的景观风貌基调、重要空间形态设计，统筹城市主要入口–内部道路–关键节点的布局，形成层次分明、错落有序的空间组织。加强城市的整体保护，保持传统格局、历史风貌和空间尺度，不得改变与其相互依存的自然景观和环境，不得损害历史文化遗产的真实性和完整性，不得对其传统格局和

历史风貌构成破坏性影响。

实行差异化的街巷空间风貌营造策略。针对城市存量空间，主要采用空间织补的方式，实行街巷肌理延续、历史遗存保护、建筑风格延续。针对城市增量空间，重点是结合新的功能属性，对原有地域传统风貌进行发展演绎。宏观层面，从整体上注重城市存量与增量空间风貌的差异化与协调性，在差异中体现城市不同时期的风貌序列，在统一中体现城市文脉特色。中观、微观层面，对城市建筑、街巷等提出建设要求，用于指导具体的项目实施。遵循"分区（对各分区进行定位）—分类（对城市空间、建筑等进行分类）—分级（价值评估，形成不同的保护等级）"的系统逻辑，对城市空间、建筑风貌等提出控制引导。

细化建设指标管控，加强城市节点设计。针对主要的街巷空间，应注重特色文化场景的营造；保护修复历史环境要素，打造点线结合的特色文化公共空间，植入主题性文化活动，营造活跃的文化氛围。针对现状传统建筑确定分类保护整治措施，针对新建建筑注重传统建筑语汇的演绎创新、传统建筑材料的现代表达，营造现代建筑技术与传统地域文脉交汇的魅力空间。

桂林自然人文融合的城市设计

桂林城市设计以名城保护为出发点，以彰显山水城桂林模式为核心目标，构建展示"桂林山水甲天下"特质的自然山水和历史文化城市空间载体，以及体现桂林山水城市传统和新时代公园城市理念的总体空间格局、整体形态和特色风貌，通过专题研究形成规划策略与空间建议，最终实现城市设计"一张图"与实施管控体系（图6-8）。城市设计从四个层次，分别提出设计任务与内容。

（1）市域层次

构建保护市域"八山五水"的整体山水格局，连通并保护沿湘江—漓江—桂江的喀斯特山水景观重点廊道，打造自然保护地和大型自然景点等多个重要自然景观保护节点。以"自然景观＋人文景观"为基底，构筑"一核一廊一带五片"的全域魅力景观资源结构。

（2）都市区层次

构建桂林特色山—水—园—城魅力空间格局，塑造山水人文特色。旅游成网，共建绿色游憩体系，强化漓江文化聚落展示与利用。

（3）中心城区与主城区层次

构建以三类魅力空间引领（自然山水魅力空间体系、历史文化魅力空间体系、都市服务魅力空间体系）、多种空间网络支撑的中心城区魅力空间体系；强调线型空间，形成"三廊五江六楔"的总体结构。

（4）城市组团层次

设计核心任务：针对专题重点深化细化主城区层次的城市形态塑造。

图 6-8 桂林山水风貌

资料来源：中国城市建设研究院有限公司

第 7 章

城市绿色发展

　　绿色发展是指以效率、和谐、持续为目标的经济增长和社会发展方式。城市绿色发展是公园城市生态优美、环境宜居、文化繁荣的社会经济保障，公园城市建设又是实现城市绿色发展的有力抓手，通过公园城市建设作用于"城"，《标准》围绕产业结构、产业协同、经济发展、节能减排等方面设置评价内容，引导城市开展相关工作，构建绿色发展体系，加快推动生产体系、生活方式、生态环境绿色化，促进生态价值转化，以响应国家碳达峰碳中和要求，引导城市走绿色、低碳、循环、可持续发展道路（图7-1）。

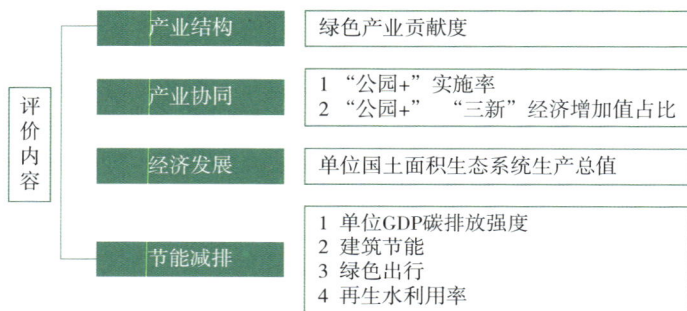

图 7-1　绿色发展板块评价内容

7.1　生产：推行绿色高效经济

　　产业结构是城市各个生产部门及其内部的组合与构成，产业结构的变迁或调整即主导产业部门的更替变化，反映了经济增长对技术创新的吸收与反馈过程。产业结构升级即产业结构系统由低级向高级演进的过程。生态文明建设时代，城市内部结构调整不仅要注重经济效益的提升，更应注重在保护自然生态环境的基础上，共同追求生态效益和经济效益的最大化。因此，生态文明思想引领下的产业结构调整，是不断向产业生态化和生态产业化演进的过程，一方面是不断加强传统产业转型升级，另一方面是构建绿色产业体系。

7.1.1 传统产业转型升级

产业强则经济强，推进产业转型升级是推动公园城市经济高质量发展的根本任务。产业转型升级的实质是生产要素动态转化催生新兴主导产业，同时使旧的主导产业不得不通过技术、管理、产品的升级来避免或减缓衰退。通过推动产业绿色化、高端化、数字化发展，推动产业转型升级。

加快传统产业绿色化改造。对于电力、钢铁、石化、化工、有色、建材等传统产业，应实施绿色化改造。加快淘汰落后产能，坚决遏制高耗能、高排放项目盲目发展。推进绿色制造和清洁生产，倡导绿色生产工艺，鼓励制造业企业优化产品设计、生产、使用、维修、回收、处置流程，逐步实现产品的全生命周期绿色管理。推进工业绿色升级。加快实施钢铁、石化、化工、有色、建材、纺织、造纸、皮革等行业绿色化改造。推行产品绿色设计，加强再制造产品认证与推广应用，促进工业固体废物综合利用。全面推行清洁生产，依法在"双超双有高耗能"行业实施强制性清洁生产审核，完善"散乱污"企业认定办法，分类实施关停取缔、整合搬迁、整改提升等措施，加快实施排污许可制度，加强工业生产过程中危险废物管理。

推动产业高端化发展，促进三产提质增效。首先，淘汰传统落后产能，培育战略性新兴产业。加快高端装备制造、现代信息技术、高端新材料、节能环保、新能源及新能源汽车等新兴产业布局。其次，推动生产性服务业向专业化和价值链高端延伸。因地制宜发展金融、科技、物流、商贸等新兴产业。最后，推动生活性服务业向高品质和多样化升级。培育消费新热点、创造消费新需求，创新发展康养、托育、文化、旅游、家政等生活性服务业。推进服务业标准化品牌化建设，打造一批标准化品牌化示范企业。

推进产业数字化、数字产业化发展。数字经济作为引领未来的新经济形态，既是经济提质增效的新变量，也是经济转型发展的新蓝海。一方面，要着力发展 VR、5G、大数据、云计算、人工智能、区块链、物联网等产业。另一方面，应促进实体经济与数字经济融合，大力发展平台经济，支持行业龙头企业搭建互联网平台，以平台集聚产业资源要素，推动产能优势转化为市场优势、集群优势，并以数字化提升政府治理效能。

建设集聚集约园区，推动产城融合发展。一方面，巩固产业园区功能，建设产业特色鲜明、创新要素集聚、业态体系完整的产业集群。要集约节约利用土地，完善单位面积土地效益综合评价机制，提高经济密度、投入产出效率，逐步退出低效产能，发展绿色高效产业。另一方面，协同推进产业发展、人口集聚和城市功能完善提升，从单一型园区经济向复合型城市经济升级。把产业转型升级和促进城市更新改造有机结合、同步谋划，积极推进老城区、城区老工业区、独立工矿区改造。要实现职住平衡，建设基础设施、产业体系、公共服务等相互促进的宜居宜业现代新城。

安徽省马鞍山市统筹推进生态环境高水平保护和产业高质量发展

马鞍山市位于安徽东部、苏皖交汇地区，是合肥都市圈、南京都市圈核心层城市、长三角城市群成员城市。作为一座依江而建的资源型重工业城市，这里有过"因钢而兴"的辉煌，也曾遭遇"有江无景"的尴尬。宝贵的岸线被大量非法码头、砂场占据，不仅让城市长期"临江不见江"，更让长江生态系统"红灯"频闪。近年来，马鞍山市生态环境保护和产业转型升级两手抓，高质量推进城市发展。

（1）沿江综合整治

近年来，马鞍山筑牢"1km 生态修复样板区、5km 产城一体示范区、15km 城乡融合先行区"三道防线。禁新建、关污源等一个个专项整治行动，打出"铁腕治江"组合拳，让沿江生态万象回春。

一是坚持统筹规划，明确环境治理目标。编制长江东岸综合整治规划，马鞍山市确定了"一轴、五区"的空间结构，坚持"环境、生态、景观、防洪"四位一体，根据各区特征，制定相应实施策略。

二是建设生态长廊，打造滨江绿色风景线。整治非法码头，拆除乱搭乱建，安置渔民退捕转产。57 户 229 名渔民全部上岸，59 艘渔船全部拆解，拆除非法码头 153 个，整治散乱污企业 667 家。清理出岸线资源约 10km，滩涂土地约 1000 亩。大力实施薛家洼生态游园、滨江湿地公园等一系列复绿工程建设（图 7-2、图 7-3）。

三是完善体制机制，保障生态文明建设。建立起市、县、乡、村四级河长制，以"河长制"推动"河长治"；全面推行林长制改革，一山一坡、一园一林、一草一木都有专员管理；出台《生态环境损害赔偿制度改革实施方案》，用"赔偿利剑"守护绿水青山。

图 7-2　薛家洼生态游园

图 7-3　滨江文化湿地公园夜景

（2）产业转型升级

"十四五"期间，马鞍山市充分发挥龙头企业引领、创新平台支撑作用，推进产业、资源、要素整合提质增效，对现有产业集群优化提升、梯度发展，着力打造规模体量大、专业化程度高、延伸配套性好、支撑带动力强的"1+3+N"产业集群升级版：

"1"即以钢铁产业为主导，争创国家级先进结构材料产业集群。大力实施"绿色制造、智能制造"双工程，着力构建优特长材、轨道交通用材、板材、高品质特殊钢、特种冶金材料、粉末冶金 6 条精品制造产业链，带动轨道交通、能源装备、海工船舶、国防军工等 N 个终端应用产业快速发展。按照习近平总书记考察马钢指示要求，努力抢抓长三角一体化发展机遇，顺势而上，在新技术、新产品、新材料方面实现新突破，加快打造国家级先进结构材料产业集群。

"3"即培育壮大智能装备制造、节能环保、绿色食品 3 个特色产业，积极创建省级重大新兴产业集群。其中在"节能环保"方面，紧扣"碳达峰、碳中和"目标要求，以向山地区综合整治、宝武马钢绿色化改造等重大项目实施为契机，聚焦高效节能（锅炉相关技术和设备、高效电机技术及装备、节能咨询）、先进环保（大气治理、水处理、环保设备及产品）、资源循环利用（工业固体废弃物资源综合利用）3 大节能环保领域，鼓励支持重点企业巩固优势地位、做大做强，加快打造省级节能环保产业集群。在 2020 年集群实现产值 400 亿元左右的基础上，到 2025 年，力争达到 1000 亿元。

"*N*"指依托载体产业基础优势，发展一批有竞争力的市级新兴产业集群，努力打造更多在全省和全国有影响力的地标性产业。除此之外，产业集群按照优胜劣汰、动态调整方式进行管理，按照"成熟一个、认定一个"原则，支持具有一定产业基础的县区、开发园区申报新的产业集群。

资料来源：马鞍山市城市管理局

7.1.2 构建绿色产业体系

中国加快构建绿色低碳循环发展的经济体系，大力推行绿色生产方式，推动能源革命和资源节约集约利用，系统推进清洁生产，统筹减污降碳协同增效，实现经济社会发展和生态环境保护的协调统一。

——《新时代的中国绿色发展》（2023 年 1 月国务院新闻办公室）

公园城市建设通过设置"绿色制造产业增加值占比""第三产业 GDP 占比"来引导城市产业结构调整优化、绿色升级。2019 年 2 月 14 日，国家发展改革委、工业和信息化部、自然资源部等七部委发布《绿色产业指导目录（2019 版）》，绿色产业[①]主要包括节能环保、清洁生产、清洁能源、生态环境产业、基础设施绿色升级和绿色服务六大类。绿色产业发展是协调经济效益、社会效益和环境效益的基础手段，也是"绿水青山就是金山银山"理论实践的重要路径。

加快农业绿色发展。鼓励发展生态种植、生态养殖，加强绿色食品、有机农产品认证和管理。发展生态循环农业，提高畜禽粪污资源化利用水平，推进农作物秸秆综合利用，加强农膜污染治理。强化耕地质量保护与提升，推进退化耕地综合治理。发展林业循环经济，实施森林生态标志产品建设工程。大力推进农业节水，推广高效节水技术。推行水产健康养殖。

---

① "绿色产业"这一概念发源于 20 世纪 70 年代末的欧洲。1989 年加拿大环境部长在政府官方文件中提出"绿色产业计划"，第一次在宏观上把"绿色产业"同整个社会经济的发展规划结合起来，随后有 12 个工业化国家提出了 20 多项"绿色产业计划"。联合国工业发展组织认为，绿色产业的发展不是以自然体系的健康发展为代价来获取人类的自身发展。布鲁金斯学会定义"清洁经济"，这一概念同美国劳工局使用的概念相同，认为该经济可以在产品与服务中增添环境效益。绿色产业不是独立于传统的第一、二、三产业之外的第四产业，也不是单指环保产业，而是泛指企业采取了低能耗、无污染的技术导致产品在生产、使用和回收等过程中不会对环境造成污染、破坏，这样的企业联合体就构成了绿色产业。

实施农药、兽用抗菌药使用减量和产地环境净化行动。依法加强养殖水域滩涂统一规划。完善相关水域禁渔管理制度。

加快布局绿色环保产业。加快培育绿色环保产业，包括新能源、清洁能源装备制造、传统能源清洁生产利用、节能改造、污染治理、循环利用、生态修复、新能源汽车、绿色智能船舶、高效节能装备制造、先进环保装备制造、绿色建筑、绿色交通、园林绿化、绿色物流、绿色贸易、绿色交易、研究咨询、项目运营、产品认证等相关产业。推动互联网、大数据、人工智能、5G 等新兴技术与绿色环保产业深度融合。推行合同能源管理、合同节水管理、环境污染第三方治理等模式和以环境治理效果为导向的环境托管服务。

构建绿色供应链。早在 1998 年，《中华人民共和国节约能源法》就提出通过对能源从生产到消费的各个环节实施节能减排实现可持续发展。开展企业绿色供应过程环境评价，包括绿色设计、选择绿色材料、实施绿色采购、打造绿色制造工艺、推行绿色包装、开展绿色运输、做好废弃产品回收处理，实现产品全周期的绿色环保。

促进能源资源绿色低碳转型。完善能源消耗强度和总量双控制度，推进能耗强度稳步下降。稳妥有序推进煤炭减量替代，统筹煤电发展和保供调峰。加快发展清洁能源产业，坚持集中式与分布式并举，加快建设新能源发电和装备制造基地，创新"光伏 +"模式，推进光伏发电多元布局。积极发展储能产业，推动"新能源 + 储能"深度融合，实现一体规划、同步建设、联合运行。完善废旧物资回收网络，提升再生资源加工利用水平，促进再生资源产业集聚发展。

零碳智慧园区

零碳智慧园区是在"双碳"背景下，历经低碳、近零碳的动态演进以及规划、建设、运营一体化持续优化迭代，最终实现净零碳排放的一种园区发展模式。零碳智慧园区对多元分布式能源体系进行升级，构建多能转换、多能互补、多网融合的综合协同能源网络，基于数字管理平台实现园区碳排放等数据的全融合，赋能园区全面减排，降低园区二氧化碳直接排放量和间接排放量。同时结合碳捕捉、碳吸收、碳交易等方式抵消园区内剩余的二氧化碳，从而实现园区零碳排放。

（1）零碳智慧园区蓝图架构

零碳智慧园区顶层设计系统融入碳中和理念，愿景目标决定了园区的理想和前进方向，强调"数字融汇赋能"，落脚点为"高品质发展"，建设理念明确园区建设的原则和要求，强调创新成长、绿色高效和以人为本，兼顾绿色与发展、兼顾生产和生态的全面规划。零碳操作系统以数据打通园区核心生产要素各环节，对园区经济社会发展以及碳排放相关重点要素数据进行系统梳理和全量汇聚，建立园区碳排放指标体系和碳管控应用，为场景化业务应用提供通用的、可复制性的基础能力支撑。依托零碳操作系统的能源转型、应用转型和数字化转型三大核心能力转型，保障零碳智慧园区建设目标顺利推进和愿景落地。核心要素全面塑造园区零碳化发展环境，支撑建设目标的推进。零碳智慧园区建设上联零碳智慧城市，下接零碳产业民生，通过物理空间"城市-园区-企业-人"和数字空间的深度融合互动，实践园区的零碳化高品质发展（图7-4）。

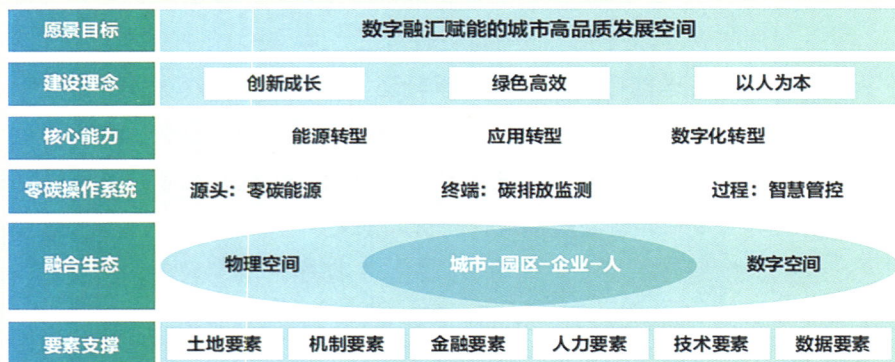

愿景目标	数字融汇赋能的城市高品质发展空间		
建设理念	创新成长	绿色高效	以人为本
核心能力	能源转型	应用转型	数字化转型
零碳操作系统	源头：零碳能源	终端：碳排放监测	过程：智慧管控
融合生态	物理空间	城市-园区-企业-人	数字空间
要素支撑	土地要素　机制要素　金融要素　人力要素　技术要素　数据要素		

图7-4　零碳智慧园区蓝图架构

（2）零碳智慧园区发展实施路径全生命周期零碳化管控

规划阶段，首先要进行诊断规划，即对于现有园区的零碳化改造，需要针对现有产业结构，构建碳核算模型，进行全量碳数据汇总，确定零碳目标和线路图。其次要顶层设计先行，对于新建园区，在园区定位、产业选择、空间布局等层面，依据碳中和理念与数字融汇赋能的城市高质量发展空间的愿景目标统筹规划。

建设阶段，要进行产业优化、机制引导、零碳改造三步走。优化产业结构，加快推广普及碳应用，促进产业链优化，并结合实际情况制定产业优化方案。通过建立相关组织机制，创新碳排放激励机制等，完善园区低碳管理机制，并积极探索建立园区零碳建设的长效机制与政策措施，为实现节能减排、低碳发展提供制度保障。加强低碳基础设施建设，对园区用水、用电、用气等基础设施建设实施低碳化、智能化改造。

运营阶段，通过智慧园区体系，对园区内水电、光伏、储能等各类能源数据进行全面管理及趋势分析，整合碳管理模块，建设零碳操作系统。强化要素支撑，对接配置相关土地、机制、金融、技术、人力、数据等资源要素，建设包括园区企业、园区管理机构、政府主管部门分层次、多角度的监管体系，实现多元化、信息化监测模式（图 7-5）。

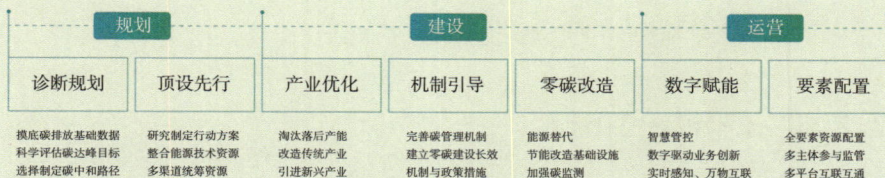

图 7-5　零碳智慧园区发展实施路径各阶段重点工作

（3）建设零碳智慧园区的核心能力

建设零碳智慧园区要从三大方面实现转型：

一是能源转型。目前，我国园区的供能以煤炭、天然气等化石燃料为主，通过能源转型，优化现有能源消费结构，提升现有能源梯级利用率，降低能源环节的碳排放成为零碳智慧园区建设的关键。零碳智慧园区能源转型重点从能源供给和能源综合管控两方面着手。

二是应用转型。零碳智慧园区是一个整体性的概念，要实现园区碳中和的建设目标，必须要对园区规划、空间布局、基础设施、生态环境、运行管理等进行系统性考虑，并将零碳理念落实到园区主要的碳排放场景中，统筹考虑企业生产、楼宇建筑、园区交通等各个方面的直接或间接碳排放，全面推动零碳生产、零碳建筑、零碳交通等应用场景转型。

三是数字化转型。云计算、移动互联网、大数据、区块链、5G 等数字技术的融合发展，正在改变各产业链的管理、运行、生产、传输模式，促进绿色低碳转型，数字化赋能是建设零碳智慧园区的必由之路。数字化联结园区和城市碳管控体系，数字化可实现园区内部管理者、经营者和消费者的全联结，同时联结城市碳管控体系。

7.2 生活：践行绿色低碳生活

绿色、低碳生活方式是营造良好人居环境，实现城市绿色发展的重要手段。公园城市的重要特征之一是体现公平、社会参与和共建共治共享，因此引导市民百姓参与公园城市建设中，践行绿色低碳生活，是公园城市建设的重要内容之一，主要包括倡导绿色出行、引导绿色消费、推行资源循环利用等方面。

7.2.1 倡导绿色出行

到 2022 年，初步建成布局合理、生态友好、清洁低碳、集约高效的绿色出行服务体系，绿色出行环境明显改善，公共交通服务品质显著提高、在公众出行中的主体地位基本确立，绿色出行装备水平明显提升，人民群众对选择绿色出行的认同感、获得感和幸福感持续加强。

——《交通运输部等十二部门和单位关于印发绿色出行行动计划（2019—2022 年）的通知》（交运发〔2019〕70 号）

绿色出行，相较于传统出行方式如汽车、飞机等交通工具而言，是相对更加环保的出行方式。绿色出行在节约能源、提高能效和减少污染的前提下，实现有益健康和兼顾效率的目的。与此同时，绿色出行也是一种可持续的环保观念，倡导大家通过节约自然资源来减少对环境的污染和破坏，实现环保和效率的平衡。公园城市建设通过设置"新能源汽车占有率""市民绿色出行分担率"等指标来引导城市、市民百姓更多地采用绿色出行方式。

加快新能源和清洁能源车辆推广应用。《香港 2030+：跨越 2030 年的规划远景与策略》报告中，以可持续发展为目标提出了"使用环保燃料的车辆所占的百分比"指标，引导城市加快推进新能源和清洁能源车辆的推广使用，依法淘汰高耗能、高排放车辆是公园城市建设促进城市绿色、低碳、可持续发展的重要内容之一，是响应国家"碳达峰、碳中和"的有效手段之一。

构建绿色出行慢行系统。以"慢行优先、公交优先、绿色优先"为原则，改善城市居民绿色出行环境，完善城市道路基础设施建设。推动创建城市公交、轨道交通、步行和自行车等基础设施和无障碍设施建设，强化换乘枢纽、城市公交场站、轨道交通换乘设施、自行车及步行通道等重点基础设施建设，互联网、大数据等数字科技深度赋能出行领域，使得绿色出行深入人心。优先发展公共交通。加快公交专用道及优先车道的建设和使用，早晚高峰期城市公共交通拥挤度控制在合理水平。优化公交线路结构，提升线网密度、站点覆盖率和公共交通出行效率，充分发挥城市轨道交通骨干作用，完善轨道交通运营服务设施建设。利用实时全量的城市公共交通数据资源，依托大数据、云计算、物联网与人工智能等新兴技术，实现公交系统智能调度，提升运营服务能力。

逐步形成绿色文化。积极组织倡导绿色出行和公共交通出行等主题宣传活动，广泛开展民意征询、志愿者活动和第三方评估等工作。提升居民绿色出行比例和绿色出行服务满意率，逐步形成全民践行绿色发展理念的良好氛围。

浙江省杭州市公共慢行交通

2021 年，杭州市多措并举，为市民营造绿色低碳的慢行交通环境，绿色出行成为市民出行首选，杭州市公共慢行交通案例获得"全国首届慢行交通优秀城市案例奖"。

（1）合理布局非机动车

地铁口人流量大，交通工具多且杂，为减轻地铁口交通压力，杭州市城市管理局针对全市已运营站点近 500 个出入口制定"一点一方案"，打造地铁口非机动车"口袋停车场"100 余处，可容纳车辆 4 万余辆，有效缓解了地铁口周边通行压力，方便市民地铁日常周边出行（图 7-6、图 7-7）。

（2）地铁 + 公共慢行

布设地铁口非机动车停放点近 2000 个、可停放车辆近 10 万辆；建设 P+R（Park and Ride，即"停车换乘公共交通"）停车场 15 个，实现"地铁 + 公共慢行"交通的无缝衔接（图 7-8）。

图 7-6　杭州市民骑小红车出行　　图 7-7　志愿者引导共享单车规范停放

图 7-8　下沙江滨站地铁出入口非机动车停放点

（3）搭建智慧管理平台

杭州市公共慢行交通管理平台将"车辆位置信息＋二维码""公共自行车＋共享单车"结合起来，对全市共享单车运行情况进行监控预警和综合分析，实现单车备案才能开锁，推进单车控量，助推公共慢行交通管理工作更科学、更高效（图 7-9）。

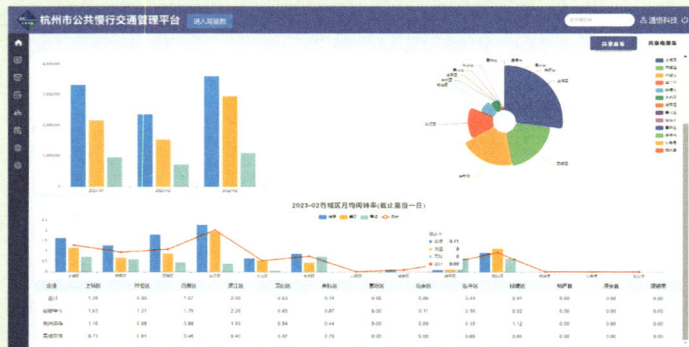

图 7-9　杭州市公共慢行交通管理平台

资料来源：杭州市轨道交通运行和公用事业保障中心

7.2.2　引导绿色消费

> 大力发展绿色消费，增强全民节约意识，反对奢侈浪费和过度消费，扩大绿色低碳产品供给和消费，完善有利于促进绿色消费的制度政策体系和体制机制，推进消费结构绿色转型升级，加快形成简约适度、绿色低碳、文明健康的生活方式和消费模式，为推动高质量发展和创造高品质生活提供重要支撑。
>
> ——《国家发展改革委等部门关于印发〈促进绿色消费实施方案〉的通知》（发改就业〔2022〕107 号）

绿色消费是促进消费高质量发展的重要方向和新的增长点。近年来，我国大力引导绿色消费，绿色消费理念正在全社会逐步普及。与此同时，一些领域依然存在浪费和不合理消费的现象，绿色消费需求仍待激发和释放，促进绿色消费的长效机制也需加快构建。绿色消费对供给生产向绿色低碳转型的撬动作用、对发挥我国超大规模市场优势和吸引力的提升作用、对经济高质量发展的支撑作用，这些方面都有待进一步增强。因此，亟须全面推动吃、穿、住、行、用、游等各领域消费绿色转型，实现系统化节约减损和节能降碳。

加快提升食品消费绿色化水平。加快提升食品消费绿色化水平，加强全链条粮食节约减损。推进厨余垃圾回收处置和资源化利用。加强对食品生产经营者食品浪费情况的监督。

鼓励推行绿色衣着消费。推广应用绿色纤维制备、高效节能印染、废旧纤维循环利用等装备和技术，提高循环再利用化学纤维等绿色纤维使用比例，提供更多符合绿色低碳要求的服装。倡导消费者理性消费，按照实际需要合理、适度购买衣物。利用互联网平台优势，推动旧衣物回收再利用，更加高效地利用资源。引导服装行业更多使用可回收、低污染材料，更加强调服装行业对环境的影响，降低资源消耗，同时可以加大数字化投入，通过大数据赋能了解消费者的偏好，避免因库存积压、款式过时等原因在上游产业链造成浪费。

积极推广绿色居住消费。推动绿色建筑、低碳建筑规模化发展，将节能环保要求纳入老旧小区改造。因地制宜推进清洁取暖设施建设改造。全面推广绿色低碳建材，推动建筑材料循环利用，鼓励有条件的地区开展绿色低碳建材下乡活动。大力发展绿色家装。持续推进农村地区清洁取暖，提升农村用能电气化水平，加快生物质能、太阳能等可再生能源在农村生活中的应用。

大力发展绿色交通消费。 大力推广新能源汽车，逐步取消各地新能源车辆购买限制，推动落实免限行、路权等支持政策，加强充换电、新型储能、加氢等配套基础设施建设，积极推进车船用 LNG 发展。大力推动公共领域车辆电动化，提高城市公交、出租（含网约车）、环卫、城市物流配送、邮政快递、民航机场以及党政机关公务领域等新能源汽车应用占比。

引导文化和旅游领域绿色消费。 制定大型活动绿色低碳展演指南，大幅降低活动现场声光电和物品的污染、消耗。将绿色设计、节能管理、绿色服务等理念融入景区运营，降低对资源和环境消耗，实现景区资源高效、循环利用。促进乡村旅游消费健康发展，严格限制林区耕地湿地等占用和过度开发，保护自然碳汇。制定发布绿色旅游消费公约或指南，加强公益宣传，规范引导景区、旅行社、游客等践行绿色旅游消费。

加快发展绿色物流配送。 积极推广绿色快递包装。鼓励企业使用商品和物流一体化包装，更多采用原箱发货，大幅减少物流环节二次包装。推广应用低克重、高强度的快递包装纸箱、免胶纸箱、可循环配送箱等快递包装新产品，鼓励通过包装结构优化减少填充物使用。加快城乡物流配送体系和快递公共末端设施建设，完善农村配送网络，创新绿色低碳、集约高效的配送模式，大力发展集中配送、共同配送、夜间配送。

2022 北京冬奥会绿色消费转型新标杆

2022 年北京冬奥会从衣、食、住、行等各方面体现了绿色消费的理念，成为大型会展活动绿色消费转型的新标杆。

（1）食品消费绿色化

北京冬奥会对管理剩餐、食材浪费、厨余垃圾的要求高，企业多通过开发智能预订餐系统、剩餐称重管理、提供可降解环保餐具等方式提升业务水平（图 7-10）。

（2）绿色衣着

北京冬奥会的服装供应链也满足绿色

图 7-10　北京冬奥会可降解塑料袋

低碳要求。不仅在服装工艺上选择了无水印花的工艺，不会产生废水排放，不会造成环境的污染，而且还采用了绿色循环材料，例如 RPET 材质（饮料瓶再生材质）等用于服装面料。

（3）绿色居住

北京冬奥会和冬残奥会全部新建场馆均采用高标准的绿色设计和施工工艺，在场馆建设中坚持"建筑节能、建筑节地、建筑节水、建筑节材，保护环境"，所有新建场馆均取得最高等级的三星绿色建筑设计标识。同时，此次冬奥会最大化利用了 2008 年北京奥运会场馆和设施，这些场馆通过改造也达到绿色建筑标准。

（4）绿色交通

北京冬奥会和冬残奥会赛事所使用的交通服务车辆包括氢燃料车、纯电动车、天然气车、混合动力车及传统能源车。其中，节能与清洁能源车辆在小客车中占比达到 100%，在全部车辆中占比达到 85.84%。氢能源汽车成为赛事服务用车的主力，共有 16 家加氢站为其提供加氢服务。

7.2.3　推进建筑节能

到 2025 年，城镇新建建筑全面建成绿色建筑，建筑能源利用效率稳步提升，建筑用能结构逐步优化，建筑能耗和碳排放增长趋势得到有效控制，基本形成绿色、低碳、循环的建设发展方式，为城乡建设领域 2030 年前碳达峰奠定坚实基础。

——《住房和城乡建设部关于印发"十四五"
建筑节能与绿色建筑发展规划的通知》（建标〔2022〕24 号）

推进建筑节能是实现城市绿色发展，应对气候变化等的重要措施。《标准》通过"既有建筑绿色改造完成率（%）"引导城市以节约能源资源、改善人居环境、提升使用功能等为目标，对既有建筑进行维护、更新、加固等；通过"建筑单位面积能耗降低值（%）"引导城市采取节能措施，节约日常用能和建造用能，达到建筑节能效果。具体包括推进既有建筑绿色改造、推广新建绿色建筑等。

推进既有建筑绿色改造。结合老旧小区改造、城市更新等工作，把建筑节能改造作为基础类改造内容，推进居住建筑节能改造、供热管网智能调控改造等工作。从"以人为本"的建筑性能出发，转变"开发者"视角为"使用者"视角，从老百姓视角来设计，以增进建筑使用者对于绿色建筑的体验感和获得感，着力改造提升水、电、路、气等基础设施，尤其是夏热冬冷地区，适应居民供暖用能新需求，开展供暖用能基础设施建设升级改造以及外墙、外窗等的节能改造。鼓励采取可再生能源建筑应用、雨水收集与中水回用、供热管网与供热计量等多元化改造措施，推动老旧小区向绿色社区转变。

推广新建绿色建筑。以《绿色建筑评价标准》GB/T 50378—2019 为指导，提升新建建筑的能效水平，从规划、设计、建设、运行、拆除等加强绿色建筑全过程监管。推进建造施工方式绿色转型，鼓励发展装配式建筑，提高绿色低碳建材使用率，充分挖掘本土低碳建筑材料，探索因地制宜的绿色、低碳、可回收的建筑材料。推进可再生能源建筑应用，以城镇公共建筑、农村建筑及工业厂房建筑为重点，推广太阳能光伏发电与建筑一体化。全面推进北方地区冬季清洁取暖，加快工业余热供暖的规模化应用；科学引导南方地区清洁取暖，推广城乡分户式家庭取暖方式。

上海中心大厦（国内首获双认证的绿色超高层建筑）

上海中心大厦是国内首获双认证的绿色超高层建筑，是上海市一座巨型高层地标式摩天大楼，为中国第一高楼、世界第二高楼，也是一个可持续发展的建筑奇迹。大厦创新采用的两层独立幕墙设计，就像是大楼的两层皮肤，透明的第二层表皮包裹在建筑周围，创造了作为自然通风的空气缓冲，减少了能源成本，立面上的 270 个风力涡轮机为外部照明提供了动力。同时大厦还建立了能源中心，探索多种能源的智能化运行管理系统，以达到节能 10%~20% 的目的。在这座大厦中，夏季或者秋季，早晨或者中午，都会启用不一样的供能搭配。该建筑迄今已获得住房和城乡建设部授予的"三星级绿色建筑设计标识证书"、绿色建筑 LEED-CS 白金级认证、MIPIM "人民选择奖"、美国建筑奖（AAP）年度设计大奖、第十五届中国土木工程詹天佑奖、2019 年"BOMA 全球创新大奖"等多个重要奖项（图 7-11）。

图 7-11　上海中心大厦外观图

7.2.4 推行资源循环利用

> 到 2025 年，循环型生产方式全面推行，绿色设计和清洁生产普遍推广，资源综合利用能力显著提升，资源循环型产业体系基本建立。
>
> ——《国家发展改革委关于印发"十四五"
> 循环经济发展规划的通知》（发改环资〔2021〕969 号）

党的二十大报告提出，积极稳妥推进碳达峰碳中和。立足我国能源资源禀赋，坚持先立后破，有计划分步骤实施碳达峰行动。深入推进能源革命，加强煤炭清洁高效利用，加快规划建设新型能源体系，积极参与应对气候变化全球治理。推进资源循环利用是公园城市建设、促进城市绿色可持续高质量发展的重要内容，是解决资源环境问题、倒逼经济发展方式转变、推动经济高质量发展的重要措施。《标准》在生活服务板块提出了构建低碳环保的垃圾处理系统，着重从基础设施建设层面引导城市构建完善、高效的固体废弃物处理设施系统。

推进垃圾资源化处理与利用。结合城市固体废弃物"大分流、小分类"，加强建筑垃圾、厨余垃圾、园林绿化垃圾等的无害化处理和资源化利用，从源头垃圾分类减量、收运体系构建、无害化处理与资源化利用等不同环节科学布局，加大示范试点的推广应用。目前各城市结合生活垃圾分类工作，积极推进厨余垃圾资源化处理和利用，而对于本身"全身是宝"的园林绿化垃圾重视程度较低，其资源化利用率非常低。2022 年，住房和城乡建设部开始着手推动园林绿化垃圾处理与资源化利用试点工作。《标准》在延续国家园林城市标准相关指标基础上，创新性地提出了"园林绿化垃圾资源化处理率"，旨在引导城市加强对园林绿化垃圾资源化处理利用的重视，从顶层规划出发，示范点建设入手，开展相关规划、标准、实施方案等编制，摸底调查城市园林绿化垃圾产生量、产生源、处理方式等现状，结合城市发展和产业需求，确定园林绿化垃圾资源化处理发展定位与总体目标，从园林绿化垃圾分类、收集、运输、资源化处理和产品应用等方面构建城市园林绿化垃圾资源化处理体系，切实有效地推动相关工作。

构建废旧物资循环利用体系。加强废纸、废塑料、废旧轮胎、废金属、废玻璃等再生资源回收利用。加强废旧家电、电子产品、报废机动车、报废船舶、废铅蓄电池、消费电子等耐用消费品回收处理，鼓励家电生产企业开展回收目标责任制行动，加强对拆解利用企业规范管理和环境监管。鼓励电商、快递企业与商业机构、便利店、物业服务企业等合作设立可循环快递包装协议回收点，投放可循环快递包装的专业化回收设施。积极推行"互联网＋回收"模式。

加强再生水利用。 国家发展改革委等部门印发的《"十四五"节水型社会建设规划》中提出，到2025年，中国地级及以上缺水城市再生水利用率超过25%，推进再生水优先用于工业生产、市政杂用、生态用水。开展再生水利用，尤其针对资源型缺水城市，对于缓解其水资源短缺状况、促进水资源节约保护、实现绿色发展，具有重要意义。《标准》通过再生水利用率指标来引导城市加大城市污水集中处理力度和再生利用设施建设，逐步实现城市污水无害化处理和资源化利用。

江苏省昆山市园林绿化垃圾资源化利用中心

该中心又名昆山合纵生态科技有限公司，由昆山市园林绿化协会倡议发起，行业内会员单位自愿出资成立，其专业资源化处理利用绿化行业内修剪下来的树枝及清理出来的杂草、落叶等。目前中心已有有机基质和有机覆盖物两条生产线，通过堆肥处理园林绿化垃圾制成有机基质产品。生产线机械化程度高，通过系统集成园林绿化垃圾生产线，首创园林绿化垃圾循环处置成套设备，包括粉碎设备、传送筛选设备、高温杀菌机、降温除尘设备等（图7-12）。设备之间连接顺畅，匹配高度融合，生产效率高，两条生产线只需5人就能完成10000m³有机基质和3500m³有机覆盖物的生产能力。

（1）落尘有机基质

落尘有机基质是综合利用绿化废弃物加工而成的新型家庭园艺通用营养土，具有调节土壤理化性质、改善土壤保水保肥能力、提高土壤肥力的功能，为植物生长提供必要的营养元素，以及更加经济环保稳定的土壤环境。

适用范围：绿化工程、花卉、盆景、果蔬种植等均可使用。

图 7-12　园林绿化垃圾传送筛选设备与控制箱

（2）落尘有机覆盖物

落尘有机覆盖物是一种新型的地表覆盖材料，原料取自于树木修剪的树枝等，经过加工处理，将其粉碎发酵制成。其具有生态循环、环保节能、美观经济、保水调温、改良土壤、抑制杂草、防尘滞尘、减少病虫害等突出特点，在城市建设中具有重要的应用价值（图 7-13）。

适用范围：适用于裸土覆盖。在行道树植栽、公园景区、屋顶绿化、厂区园区、庭院等地方均可大量使用，同时还可在花卉、盆景等观赏植物中作为基质或装饰材料使用。

图 7-13　园林绿化垃圾制成的有机覆盖物产品及其应用

资料来源：昆山合纵生态科技有限公司

7.3　生态：促进生态价值转化

> 园中建城、城中有园、推窗见绿、出门见园的公园城市形态充分彰显，生态空间与生产生活空间衔接融合，生态产品价值实现机制全面建立，绿色低碳循环的生产生活方式和城市建设运营模式全面形成。
>
> ——《关于印发成都建设践行新发展理念的公园城市示范区总体方案的通知》（发改规划〔2022〕332 号）

习近平总书记的"两山"理念是公园城市建设的重要理论来源，保护生态环境就是保护生产力，改善生态环境就是发展生产力，经济发展与生态保护之间的关系是辩证的、相辅相成的。公园城市建设就是要摒弃过去以发展经济为先的发展方式，转变思想理念，推动绿色发展，即以绿色为基底，科学合理植入新业态，协同发展生态与产业。《标准》通过"公园 +"实施率、"公园 +""三新"经济增加值占比、单位国土面积生态系统生产总值等指标来引导城市开展相关工作，重点可通过打造"公园 +"新业态、推动生态产业化等，践行"绿水青山就是金山银山"的发展理念，持续推动生态价值转化。

7.3.1　打造"公园 +"新业态

> 挖掘释放生态产品价值。建立健全政府主导、企业和社会各界参与、市场化运作、可持续的生态产品价值实现路径。
>
> ——《关于印发成都建设践行新发展理念的公园城市示范区总体方案的通知》（发改规划〔2022〕332 号）

"公园 +"指进行公园化建设，或将公园等绿色开放空间作为基础性前置性规划要素，以营造美丽舒适、全龄友好的城市（区域）共享空间，带动配套设施的完善升级，并由此带动其周边的餐饮、零售、文化艺术、体育、娱乐、教育、科创等产业联动发展，激发城市（区域）内生活力，促进生态资源价值转化。如公园＋餐饮服务、公园＋文化娱乐、公园＋培训教育等。"公园＋"是公园城市理论研究中提出的创新性、重要建设模式之一，公园城市建设的核心在"园"，基本特征之一是公园化形态与空间格局，公园城市以绿为底，以有生命力的绿色共享空间为城市发展主要活力要素，以公园为基础来布局产业建设，充分实现城园融合、产业协同[①]，最终实现经济发展与生态环境保护双赢。具体可通过消费、人文、生活等场景营造、鼓励"三新"经济活动等手段，实现城园融合，土地资源集约高效利用，生活方式绿色低碳，增强百姓生活的幸福感。

强化"公园＋"模式引导下的场景营造。在城市土地资源逐步进入存量优化、活化阶段，百姓对美好生活的需求日益增加，"公园＋"场景营造就是以公园为载体、百姓需求为指引，在公园、绿道等绿色共享空间周边就近合理布局公共服务、商业、体育、住宅等功能空间，在满足人们休闲、游憩、运动、交友、娱乐、购物等日常生活需要的同时，降低购物、运动、继续教育等时间成本以及长途交通等能源消耗，通过土地资源集约高效利用，实现人居环境品质和绿地综合效益的最大化提升。

鼓励采取"公园＋"模式融合"三新"经济活动发展。"三新"经济是新产业、新业态、新商业模式生产活动的集合，包括因生态价值增加带动的经济价值增加。一是推动生态与乡村旅游、农业旅游融合发展，实现生态资本深度转化。二是通过以公园为建设载体，叠加"三新"经济为经济载体，打造公园＋科技产业园、教育基地等综合建设模式。三是科学打造营商环境。

成都市植物园精心策划公园城市场景系列活动

成都市按照"可进入、可参与、景区化、景观化"的公园化要求，以商业逻辑推导生态价值转化，依托公园空间发展新经济，营造聚人兴业的公园新场景。成都市植物园利用其得天独厚的植物资源，陆续推出包括"网红"杜鹃林、亲子自然教育营地、帐篷音乐节、森林瑜伽等系列特色业

---

① 王香春，王钰，陈艳，等.高质量可持续发展理念下公园城市建设探索[J].江苏建筑，2021（2）：1-4.

态场景和公益活动。植物园内设置有文创小商店、婚纱摄影基地，通过公园与服务业协同发展，扩大植物园的吸引力、影响力，实现植物园的可持续发展。2020年，成都市植物园作为全国、省市、区级科普教基地，积极筹备了系列绿道科普活动，在一系列科普活动中，植物园共推出3个系列共16场活动，包括3场科普讲座和13场室外实践，带领参与者一起认识植物并学习植物繁衍之道，了解不同昆虫并观察昆虫行为，寻找并识别鸟类。植物园持续为市民提供绿色生态产品，让市民在森林天然氧吧中感受公园城市建设成果，体会绿色诗意生活美学（图7-14）。

图7-14　成都市植物园场景系列活动

7.3.2　积极推动生态产业化

生态产业化是恪守自然生态系统承载能力，按照产业化规律推进生态文明建设，促进生态资源在实现其经济价值的同时，也能更好体现其生态价值和社会价值，目的在于促进生态资源的保值增值和生态经济的良性发展。公园城市要有优美的生态、宜居的环境、繁荣的文化，就得有经济支撑，《标准》以"单位国土面积生态系统生产总值"[①]为引导性指标，充分考虑生态系统提供的产品供给、调节、文化服务，例如合理利用和发挥农林牧渔产品、自然景观游憩价值等，通过"评估 – 开发 – 市场保障"模式探索推动生态产业化发展，立足生态优势，更好发挥市场作用，持续把"生态 +"理念融入产业发展之中，因地制宜选准绿色产业发展方向，切实将生态优势转变成为经济优势。具体包括生态价值评估、以 EOD（生态环境导向的开发模式）为指引的生态产业融合发展、强化农产品品牌建设、探索市场化生态价值实现机制等，多措并举促进生态产品经济价值实现。

做好生态价值评估。公园城市建设通过量化绿水青山，即评估生态系统生产总值（GEP），从生态系统供给服务、调节服务、文化服务等方面探索绿水青山进行生态价值转化的实施路径，推动"两山"转化，引导经济GDP 转向绿色 GDP。

强化以 EOD 为指引的生态产业融合发展。EOD 模式是探索将生态环境治理项目与资源、产业开发项目有效融合，解决生态环境治理缺乏资金来源渠道、总体投入不足、环境效益难以转化为经济收益等瓶颈问题，推动实现生态环境资源化、产业经济绿色化。以 EOD 为引导，一是结合生态修复工作，将修复后的场地用于主题公园、特色产业园建设，拓展经济效益。二是结合乡村振兴，将农业生产与生态旅游充分融合，打造农业观光园、生态果蔬采摘园、美丽乡村旅游等生态保护与产业开发项目。

探索市场化生态价值实现机制。加大体制机制创新的力度、广度和深度，充分发挥好市场在资源配置中的决定性作用，更好发挥政府作用，推动有效市场与有为政府更好结合，鼓励各类市场主体通过多样化的交易活动，促进生态产品价值实现。例如探索完善生态补偿、生态资产管理、生态资源统计监测等体制机制。

---

① 生态系统生产总值（Gross Ecosystem Product，GEP）是指生态系统为人类福祉和经济社会可持续发展提供的产品与服务价值的总和，包括产品提供价值、调节服务价值、文化服务价值三类。

阳泉市郊区"EOD+公园城市"示范区建设项目

该项目区位于阳泉市郊区荫营镇，地处山西省太行山生态屏障带，属于山西省岩溶泉域水资源重点保护范围娘子关泉域保护区。多年的煤炭开采及工业生产，在本区域留下了大面积的露天采矿破坏区、采空沉陷区、土壤污染区、堆渣区等生态问题区域，严重影响景观风貌、居民宜居生活及阳泉生态新城建设的顺利推进实施。

本项目是"EOD+公园城市"践行的一次实践与探索，结合山西省"十四五"转型出雏形目标，建设公园山城为引导，以居民宜居宜业需求为出发点，优化提升区域生态网络，提高生态系统质量，提升生态服务功能。将良好的生态环境及区域特色要素叠加，增加新城魅力，提高区域空间价值，吸引新兴产业及高端人才，激发持续发展活力，为资源转型地区生态绿色转型与高质量发展提供新模式（图7-15）。

图7-15　项目区鸟瞰图

（1）实现区域空间功能优化

项目建设秉承"融合、共享、低碳"原则，以化石公园为绿心，规划项目区整体结构为"一轴、一廊、两园、三区"，即城市发展轴、城市生态廊道、地质公园、零碳科技园、三个生态宜居区，建设"宜居、宜业、宜游、宜学"的生态、生产、生活融合一体的城市新型发展示范区。

（2）实现生态修复和土地综合整理

在生态修复基础上，完善城乡基础设施配套，导入绿色生态产业，带动区域整体发展，建设山更绿、水更清、天更蓝的阳泉新城新景象。

（3）实现区域生态廊道建设

依托项目区自然资源，完成区域内生态廊道的修复工程，增加植被覆盖率，提高生物多样性，改善生态环境质量，提升区域景观风貌。

（4）实现国家级、省级古生物化石产地认定

借势地质遗迹资源和交通区位优势的先期开发建设条件，全力打造地质遗迹保护文旅特色板块，促进城乡融合发展。走出一条具有特色的"地质遗迹＋文旅"发展之路，以及开展产、学、研的新兴产业导入发展之路。

（5）实现生态环境治理和关联产业开发一体化实施

完成生态环境治理项目和产业开发项目作为一个整体项目的一体化实施模式，由一个市场主体整体实施，统筹推进，协同发展。

资料来源：阳泉市郊区住房和城乡建设局

第8章

社会和谐善治

"以人为本"是公园城市建设的出发点和落脚点，社会和谐善治是老百姓获得感、幸福感和安全感得以全面满足的根本保障和外化。《标准》的社会治理板块以构建和谐善治社会为终极目标，落实国家治理能力现代化的战略要求，从共建、共治、共享 3 个维度设置指标体系，旨在引导充分考虑社会群众的需求和身心感受，借助信息化、智慧化手段，构建"政府 – 社会 – 民众"三位一体治理体系。依据国家对于国土空间总体规划编制、老旧小区改造、城市体检、生活垃圾分类等的工作要求，参考国内外先进城市的成功经验，提出参与度评价指标，并以市民满意度调查为主要评价手段，让老百姓参与评价制度化常态化，并把评价落到实处，以期满足老百姓的满意度、获得感和自我价值实现（图 8-1）。

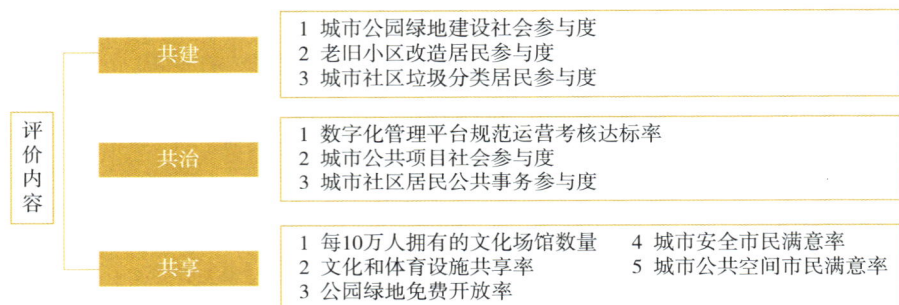

评价内容	共建	1 城市公园绿地建设社会参与度 2 老旧小区改造居民参与度 3 城市社区垃圾分类居民参与度
	共治	1 数字化管理平台规范运营考核达标率 2 城市公共项目社会参与度 3 城市社区居民公共事务参与度
	共享	1 每10万人拥有的文化场馆数量　4 城市安全市民满意率 2 文化和体育设施共享率　　　5 城市公共空间市民满意率 3 公园绿地免费开放率

图 8-1　社会治理板块评价内容

8.1　共治：创新治理理念和模式

城市治理是国家治理体系和治理能力现代化的重要内容。一流城市要有一流治理，要注重在科学化、精细化、智能化上下功夫。

——2018 年 11 月，习近平总书记在上海考察时的讲话

推进城市治理体系和治理能力现代化是新时期党的执政理念创新，体

现了"以人民为中心",实现人民城市人民建、人民城市为人民的领导思想。《标准》响应新时代背景下的"社会治理",引导各地城市以终为始,从老百姓的需求与满足出发,改变传统的城市政府单向发力、"一头热"的管理模式为百姓全过程参与的治理模式,建立综合治理、全域治理和协同治理的理念模式,通过共商、共建、共治、共享,建设人人有责、人人尽责、人人享有的社会治理共同体。

8.1.1 综合治理

与传统"自上而下"控制导向的政府社会管理模式不同,社会治理是政府、社会组织、社区以及个人等多种主体,通过平等的合作、对话、协商、沟通等方式,依法对社会事务和社会生活进行引导规范,最终实现公共利益最大化的过程。为适应新形势下面临的社会矛盾新情况、新变化和新发展要求,维护社会稳定,必须加强社会综合治理的总体框架构建和细节机制设计,推进数字化管理平台运行,实现公园城市发展的"人本、品质、智慧"。

加强综合治理的总体构建。《中国共产党第十九届中央委员会第五次全体会议〈建议〉》对"社会矛盾综合治理机制"用 16 字概括,即"源头防控、排查梳理、纠纷化解、应急处置"。唯有注重综合治理,从"防、调、建"多管齐下建设"稳定器",方能保证从源头到末梢的全链条综合治理的"效能、精致、稳定"(图 8-2)。**前端防**。"防"是"调"的前提和根本。"防"得好,可有效避免在"调解"环节出现事件堆积,缓解目前"投入成本过高、投入精力过重、投入时间过长"的难点与困局,防患于未然,事半功倍。通过"人防、物防、技防",变"事件等待"为"事件发现"工作方式,变被动为主动,变无预期为有预期,高效化解社会矛盾,解决人民问题。**中端调**。"调"是关键。调解既能通过事件识别及时反馈到"防"环节,持续优化"防"的流程和

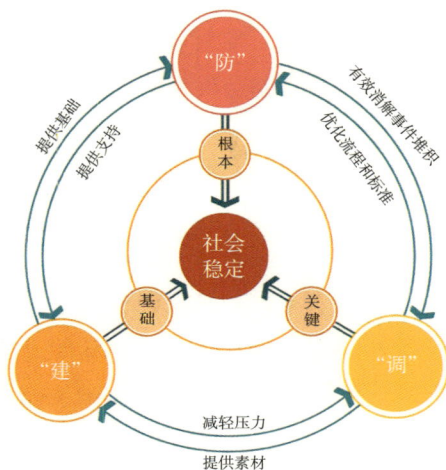

图 8-2 综合治理示意图

标准，也对"调"的质量追求和效率提升产生意义，有效调解，纠纷化解，解决偏重长官意志式的行政导向、经验导向、工作碎片化倾向，从而形成社会综合治理事件的一个快速、高质量化解的体制性"灭火器"。**"建机制"**。"建"是"防"的基础。《中庸》云："和也者，天下之达道也。"因此，应大力倡导社会和谐的理想信念，坚持和实行互助、合作、团结、稳定、有序的社会和谐准则。基于"防"和"调"，开展社会综合治理的文化建设、制度与运作体系构建。唯有建立法治化、制度化、日常化的长效机制，才能让社会综合治理事件化解于无形，消融在和谐的文化中，形成厚实、正能量弘扬的体制性"疏导网"，保证社会长治久安。

保障数字化管理平台规范运营。共治是社会治理格局的关键，强调多元主体参与社会治理的体制创新，旨在最大限度发挥各主体的主动性和积极性，一是践行民本理念，提升老百姓的归属感、获得感；二是激发老百姓的主观能动性和聪明才智，充分激发社会各方活力要素。《中华人民共和国国民经济和社会发展第十四个五年规划和2035年远景目标纲要》指出，"扩大基础公共信息数据有序开放，建设国家数据统一共享平台"。目前我国大多数城市已建立与行政服务相关的平台，主要是方便市民办理公共服务事项。随着城市智能化水平的不断提高，市民对数字化管理平台的要求也就越高。结合公园城市特点，信息和数据的公开化是市民共同治理的基础，故设置"数字化管理平台规范运营考核达标率"，将各级各类数字化管理平台的运行和公开情况作为评价的重点，通过公园城市建设推动建立城市数字化管理平台及其有效运转、规范运营，并对公园城市建设和管理实施动态监管。基于此，通过城市公共项目社会参与度和城市社区居民公共事务参与度来评价共治效果，提升治理能力。

江苏常州永红街道下好基层社会治理"三手棋"

近年来，江苏省常州市钟楼区永红街道积极探索新时代"枫桥经验"，在老旧小区改造、数字政府建设等工作中，坚持问题导向、目标导向，不断优化风险预警、社区治理、法治建设的工作方式方法，下好"三手治理棋"，有效提升基层社会治理效能。

（1）依托城市"大脑"，下好风险预警"先手棋"

深度挖掘"大数据＋网格化＋铁脚板"机制优势，建立网格员走访考核制度，推动网格员勤走访，实时掌握上报一线、一手的网格信息。以街道综合指挥中心为数据中枢，设置专职工作人员负责审核，将网格员上报的信息进行分类处置，设立隐患风险标签，实现"网格吹哨、部门报到、风险感知"（图 8-3）。

图 8-3　街道综合指挥中心工作人员通过指挥平台审核网格事项

（2）汇聚多元资源，下好社区治理"关键棋"

结合老旧小区改造，在清潭新村第一社区内打造"三官一律"联络站，并进一步链接公、检、法、司等政法力量，住建、民政等政府力量和物业公司、心理咨询机构等社会力量，推出"12345"法治连心工作法。在社区党委的组织下，民警、律师、物业等多方与群众共同开展社情民意联合摸排、矛盾纠纷联调、小区平安联建、社会治安联防等工作，达到了资源联用、矛盾联化、问题联治、服务联动效果，打通社区治理的难点、堵点（图 8-4）。

（3）立足说事明理，下好法治建设"长远棋"

在群众身边打造"明理茶室""说事广场"等援法议事品牌，立足民事、倾听民声、凝聚民心，社区书记和律师、法官等专业人士用亲切的话语，讲群众熟悉的案例、明群众接受的道理，将法律咨询服务、学法议事活动、案例剖析活动同群众的日常生活、关心关切相结合，切实提升群众依法解决问题的意识，推动法治社会建设（图 8-5）。

图 8-4　社区、民警联动入户走访

图 8-5　社区书记组织群众学法议事

资料来源：常州市钟楼区永红街道党工委委员、政法委员　颜弢

8.1.2 全域治理

全域治理作为基层治理现代化的路径，旨在实现更高层级的统筹推动、更加紧密的共同体行动、更多领域的协同合作，是为应对当前社会治理新问题、新挑战的一种全新的基层社会治理范式，是打造共建共治共享社会治理格局的创新性突破。通过构建网格化管理、精细化服务、信息化支撑、开放共享的基层管理服务平台，发挥其载体作用，搭建平等开放包容的合作平台，统筹谋划全域治理体系，从部门、领域、层级和地区的治理转向全域治理，加强和创新市域社会治理，逐步推进由点及面、由条线推进向整体联动、由城乡有别到城乡一体的市域社会治理现代化。

由点及面的全覆盖治理。与碎片化治理不同，有序扩大基层治理体系的涵盖面，从社会治安、打击犯罪、公共安全逐步向生态环保、食品药品、交通以及重点民生项目等领域扩展和动态调整。如浙江省宁波市鄞州区划船社区"365 社区服务工作法"、湾底村"幸福指数工作法"、陆家堰"契约式治理"、陈黄村"书记一点通"等品牌成为全市、全省乃至全国典型。在总结一批经验方法和一批长效机制的基础上，发挥示范引领作用，引导各地探索符合中央精神、顺应社会治理规律、切合地情的全域治理和乡村善治之路，逐步实现全覆盖。

由条线推进向整体联动的全领域提升。与单一领域、单一层级的治理不同，全域治理强调建立横向的同级部门之间、政府之间和地区之间常规性合作治理机制，克服本位主义，打破横向协同治理的壁垒，统筹谋划纵向层级间的综合性治理体系，实现跨领域、跨部门的治理，纵深协同推进基层的政治建设、经济建设、社会建设、文化建设和生态文明建设。

由城乡有别到城乡一体的全系统拓展。全域治理基于地域但不限于地域，强调治理机制的开放灵活性、系统全面性、关系多元性和协同合作性，是一套突破时空界限、行政区划、社会边界的多领域综合协同共治体系，为基层社会治理体系和治理能力现代化提供了重要的理论框架[①]。面向未来的全域治理重点应该放在都市，因此需要提高统筹层级，打破行政区划壁垒，建立跨层级跨地区的治理，从县级统筹逐步提高到设区的市、大城市、

---

① 杨发祥，郭科. 全域治理：基层社会治理的范式转型 [J]. 学习与实践，2021（8）：84-96.

特大城市、超大城市以及都市圈的统筹，科学衔接顶层设计与基层探索①。

浙江宁波镇海区全域治理

从"联合接访"到"访调对接"，再到"访诉调融合"，历经 10 多年实践，宁波市镇海区以改革为牵引，不断完善区社会治理中心（社会矛盾纠纷调处化解中心）的功能，以"多元共治、部门协同、智慧治理、社会参与"为特色，打造"三级中心、四级平台"的全域解纷新体系，实现企业、群众解纷"最多跑一地"，不断推进全域治理现代化，优化提升社会发展服务环境和基础营商环境（图 8-6）。

图 8-6　浙江省宁波市镇海区全域治理

（1）**打造总枢纽，矛盾纠纷化解"最多跑一地"**。近年来，镇海区不断创新基层社会治理体系，建立部门间协作配合机制，在省内首个建成并实体化运行县（市、区）级"矛调中心"，建立起"一体化、模块化、法治化、协同化"的县（市、区）域部门协作矛盾化解新模式。针对新情况、新问题和人民群众的新需求，通过不断调整完善，镇海区社会治理中心（社会矛盾纠纷调处化解中心）如今已成为全区矛盾纠纷多元化解的总枢纽。

（2）**一杆插到底，构建全域覆盖的解纷体系**。为企业、群众解纷"家门口就近跑一地"提供便利，不断推动矛盾纠纷处理关口前置、服务下沉。镇海区以区社会治理中心（社会矛盾纠纷调处化解中心）为牵引，在各镇（街道）建设中心，在村（社区）建设代办站，在基层网格建立代办点，建设了四级社会矛盾纠纷调处化解体系，可为群众提供全域解纷服务。

---

① 张丙宣 . 全域治理：基层治理现代化的路径 [J]. 理论导报，2019（8）：25–27.

（3）矛调中心为"支点"，全面介入基层治理领域。镇海区整合资源力量，以区社会治理中心（社会矛盾纠纷调处化解中心）为"支点"，构建治理一体化工作体系，全业务整合区社会治理综合指挥中心，以及12345政务服务热线中心、综治中心、人民来访接待中心、诉讼服务中心、公共法律服务中心、社会心理服务指导中心等机构、平台，重新组建区社会矛盾纠纷调处化解工作体系和机制，探索形成职能清晰、响应及时、执行有力、便民高效的基层社会治理综合指挥体系。

（4）打造治理综合体，助推全域治理现代化。镇海区社会治理中心（社会矛盾纠纷调处化解中心）充分发挥信访和矛盾纠纷调处化解、社会治理事件处置、社会风险研判等领域的治理共同体职能，建立健全上下联动、横向协同的矛盾协调运行机制，为全域治理现代化做出更大贡献。

当前，宁波市镇海区提出争创全域治理现代化先行示范区的要求。镇海区将以社会治理中心（社会矛盾纠纷调处化解中心）改革和建设为牵引，通过资源整合、机制创新、流程再造，带动形成县、乡、村三级上下联动、左右协调的县域社会治理基本格局，为更高水平推进市域社会治理现代化贡献更多镇海经验，为科创强区、品质之城建设创造更加优良的社会发展服务环境。

资料来源：宁波市镇海区政研室（区委改革办）　余荣泉
宁波市镇海区社会治理中心　王吉莹

8.1.3　协同治理

公园城市建设倡导通过完善协同治理机制、创新智慧化治理手段，不断健全有效参与的多元主体格局，通过利益相关者参与公园城市建设决策，最大限度地提升人民满意度、支持度、满足感和获得感；提高公园城市建设成果的完整性、响应性、透明性、合理性和公平性等，从而实现公园城市高质量、可持续发展。

完善运转有序的协同治理机制。一方面是改变政府至上的单向决策管理机制，构建"政府＋社会＋民众"多方利益共同体共商共建共管共享的协同治理体系；另一方面是改变既往部门单打独斗、各自为政的管理模式，推动跨领域、跨部门的更加紧密的共同体行动及更多领域的协同合作。

创新智慧化治理手段。公园城市与智慧城市建设协同。即发挥社区网格化管理基础信息的优势，为社区配备"智慧大脑"，将智慧"因子"融入社区治理全过程，将数字优势转化为强大的治理效能，使社区神经末梢的网格信息效用"尽大化"，工作模式也将实现由粗略、粗放向精准、精细、系统流程化转变，解决实践运作中的经验导向偏重问题。

健全有效参与的多元主体格局。从新时代社会发展基础来看，建设社会治理共同体，可以在健全有效参与的多元主体格局、达成集体认同的社会善治共识、完善运转有序的协同治理机制、构建法治保障的有机团结社会等方面不断提升人民的获得感、幸福感、安全感。

江苏常州永红街道老旧小区改造居民共同参与、共同治理

江苏省常州市钟楼区永红街道在老旧小区改造中，创新性地让居民共同参与、共同治理，居民在其中扮演着至关重要的角色（图 8-7）。

图 8-7　江苏常州永红街道创新社会协同治理

（1）增强责任意识，细致做好方案优化

抓好前期走访调研，对老旧小区进行现场走访查看，收集群众意见建议。畅通渠道强化工作方法，征集前期改造意见。坚持"边学习、边调研、边工作、边总结"的理念和方法，在社区设置改造意见征询室，收集群众改造意见，为居民耐心讲解老旧小区改造政策，针对群众关心的难点热点问题，仔细地给予记录和讲解，并在此基础上不断进行方案优化，最后制定完善切实可行的旧改方案。

（2）强化前期宣传，营造良好氛围

在一线建立党支部，把党员先锋模范作用发挥到老旧小区改造中。既充分发挥党员干部联系群众、动员群众的纽带作用，又充分利用其熟悉每家每户情况的优势，开展老旧小区改造宣传，收集居民对老旧小区改造的意见和建议。在小区单元门均张贴老旧小区改造方案公示，召集居民骨干和业主代表召开座谈会，对老旧小区方案进行讲解，充分听取居民骨干和业主代表对于老旧小区改造的意见和建议。

（3）追求品质，聚焦发力

在推进老旧小区改造工作中，集思广益，创新思路，从实际情况出发，扎扎实实做好老旧小区改造过程中的意见优化工作，主动深入现场一线，积极实地了解情况，对居民提出的意见焦点问题进行现场勘验商讨，优化方案设计，尽可能人性化、便民化地推动老旧小区改造提升、有机更新，把惠民工程落实落好。

资料来源：常州市钟楼区永红街道荆川里社区党委书记　裴美凤

8.2　共建：公众全过程积极参与

社区是党和政府联系、服务居民群众的"最后一公里"。

——2016年7月28日，习近平总书记在河北唐山市考察时的讲话

公园城市建设应该牢牢把握城市庞大治理体系中的基本单元，即基层社区治理单元，没有精细化的社区治理就没有系统化的城市治理体系。"共建"应围绕健全公众参与机制、搭建公众参与平台、公众参与民生项目三方面开展。引导城市居民以主人翁身份参与到城市公园绿地建设、老旧小区改造、社区垃圾分类等中，共同建设美丽、和谐、宜居的公园城市。

8.2.1　引导公众参与城市公共事务

> 坚持以人民为中心的发展思想，坚持新发展理念，以群众身边、房前屋后的人居环境建设和整治为切入点，广泛深入开展"共同缔造"活动，建设"整洁、舒适、安全、美丽"的城乡人居环境，打造共建共治共享的社会治理格局，使人民获得感、幸福感、安全感更加具体、更加充实、更可持续。
>
> ——《住房和城乡建设部关于在城乡人居环境建设和整治中开展美好环境与幸福生活共同缔造活动的指导意见》（建村〔2019〕19号）

公园城市建设不仅是物质空间的更新改造，也体现了城市中生活的人们思想、行为、价值观的转变。随着社会的发展，越来越多的公众对于城市的生态环境保护、人居环境改善、生活服务提升等方方面面提出了更多的看法和诉求，并且有意愿、有能力参与城市规划、建设、管理运营等各项公共事务当中。让公众参与城市规划和建设工作当中，不仅是让公众表达利益诉求的重要途径，也是提高规划的科学性和合理性、满足更广大人民群众根本利益的必由之路。

主动公示规划建设项目。城乡规划语境下的公众参与是指在规划的前期准备、编制、决策和执行等各阶段中，利益相关团体使用政策法规规定的公众参与形式，实现规划结果保障其利益的社会活动，以此来实现公共利益最大化。公众参与规划的最终目标是要将公众意见纳入最终决策，因此在规划伊始就应让公众参与其中。

广泛宣传，提升关注度和参与度。在做出城市规划决策前，应当通过广泛进行宣传，通过政府网站或报刊、广播、电视等新闻媒体上公示草案或征求意见稿，或通过问卷调查、座谈会、专家论证会、听证会等途径广开言路，开放式听取意见，让公众及时了解公开信息，并能够便捷地进行互动讨论和意见反馈。规划部门应对收集的意见进行处理，并详细说明采取意见或不采取意见的理由。

北京京张铁路遗址公园——探索共建共治共享之路

自京张铁路遗址公园的设想提出以后，吸引了社会各界的关注。面对公众多样化的需求和迫切期待，项目初期建立起市区两级京张专班，覆盖各相关部门和单位，规划设计院作为专业团队提供技术支持，形成了高效的统筹联动机制。京张专班创新性地提出"策划＋规划"工作模式，汇集街道、高校和社会公众力量，统筹规划，策划了一系列新媒体文章、互动讨论会、高校工作营、国际设计周、主体单位座谈访谈等活动，旨在使遗址公园成为公众参与公共空间提升的重要触媒，在规划实施全过程保持广泛的关注度和参与度，汇聚了民意和集体智慧，有效促进了共建共治（图8-8）。

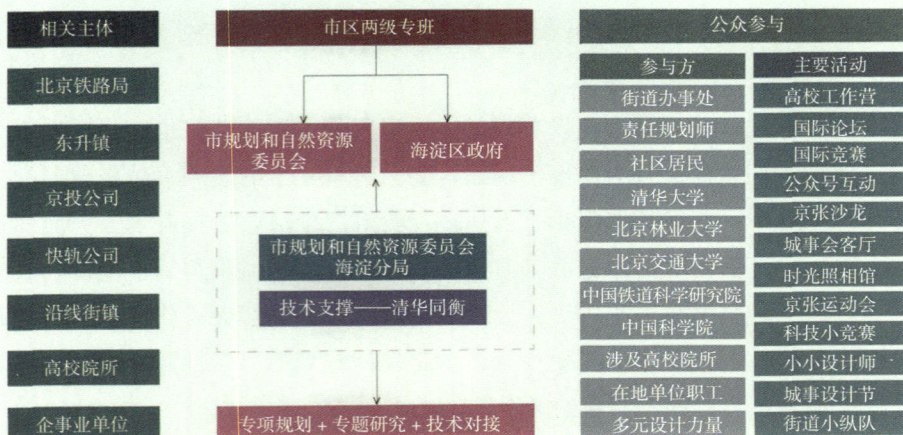

图 8-8　京张铁路项目工作组织示意图

资料来源：陈朝晖，李保炜，刘巍，等 . 京张铁路遗址公园——探索共建共治共享之路 [J]. 世界建筑，2020（7）：17–21

8.2.2　鼓励公众参与公园绿地建设

　　城市公园是最具代表性的城市公共空间之一，具有公益性和开放性，更需要公众全过程参与。《标准》中提出社会参与公园绿地建设的途径主要包括志愿参与（志愿者、市民园长、科普宣传员等）城市公园绿地建设管理以及认建认养树木、捐建绿地、义务植树等。当前很多公园公开招募"市民园长"和志愿者，开展志愿服务项目，积极维护园容环境，劝止园内噪声扰民、骑车遛狗、违规垂钓、乱扔垃圾、破坏绿化等不文明行为，维护游园秩序；定期开展"市民园长"协商日活动；开展爱绿护绿宣传，协助组织全市重大活动，展现了良好的精神风貌。

湖北省武汉市公园积极推动"市民园长"

为顺应城市居民对文化生活的需求，根据武汉市共治、共享、共创城市治理工作格局的部署，武汉市公园积极开展管理服务创新，激活城市公共空间。组建了"武汉公园客"团队，策划推出"美好生活共享空间"，选聘"市民园长"和特邀管理员共 410 人次，举办公园大课堂、公园美术馆、生态花巢等开创性工作，从引导市民参与管理、拓展自然教育功能、激发文化创意活力三个层面创新服务管理模式，为市民提供全龄段、多维度、立体式公共服务，将城市公园打造成为满足广大市民日益增长的美好生活需要的共治、共享、共创空间和精神家园。武汉"市民园长"工作管理模式经推介，已在厦门、长春、淄博等全国多个城市推广，同时被列为"武汉市文明城市建设十大工程 2017 年行动计划"的特色志愿服务项目（图 8-9）。

图 8-9 武汉市"市民园长"们协商如何促进园居互动（"市民园长"协商日主题活动）

资料来源：武汉市园林和林业局

8.2.3 倡导公众参与社区管理服务

加强社区管理和服务是实现社会治理体系和治理能力现代化的基础工作。在公园城市建设中，应从管理机制层面提出以社区作为城市治理的基本单元，建立和完善全覆盖的社区基层治理体系，为社区层面的共建共治共享做好机制保障。以城市社区为基本空间单元，充分发挥社区居民的主体作用，根据不同类型社区人居环境中存在的突出问题，因地制宜确定人居环境建设和整治的重点。在城市社区，可在正在开展的老旧小区改造、生活垃圾分类等工作的基础上，解决改善小区绿化和道路环境、房前屋后环境整治、老旧小区加装电梯等问题。

提升老旧小区改造居民参与度。老旧小区改造是涉及千家万户的民生工程，对满足人民群众美好生活需要、推进城市更新、促进高质量发展具有重要意义。国务院办公厅《关于全面推进城镇老旧小区改造工作的指导意见》（国办发〔2020〕23号）第三条"建立健全组织实施机制"第二款"健全动员居民参与机制"，明确要求"主动了解居民诉求，促进居民形成共识，发动居民积极参与改造方案制定、配合施工、参与监督和后续管理、评价和反馈小区改造效果等"。因此标准设置"老旧小区改造居民参与度"指标，引导居民积极参与老旧小区改造。

北京市杨梅竹斜街改造

北京市杨梅竹斜街公共空间营造项目，以建立"胡同花草堂"的方式，鼓励居民参与社区环境改造，让居民通过养花、种菜等自然中介的形式拉近相互间的距离，鼓励居民通过自家花草种植美化街道环境，传递邻里间的守望相助与温暖包容。在这一过程中，设计工作从"为居民设计"转变为"引导居民自发营造居住环境"，激发了原住居民的创造力与生活热情。北京杨梅竹斜街"安住—平民花园"艺术装置先后入选第15届威尼斯国际建筑双年展中国国家馆展览、第三届中国设计大展及公共艺术专题展（图8-10、图8-11）。

图8-10　设计工作从"为居民设计"转变为　图8-11　居民通过视频直播与参观
　　　　　"引导居民自发营造"　　　　　　　　　　　者进行面对面的交流与互动

资料来源：中国城市建设研究院有限公司

鼓励居民积极参与城市社区垃圾分类。国务院办公厅《关于转发国家发展改革委 住房城乡建设部生活垃圾分类制度实施方案的通知》（国办发〔2017〕26号）提出要"形成以法治为基础、政府推动、全民参与、城乡统筹、因地制宜的垃圾分类制度"。目前，全国已有40多个城市全面实行了垃圾分类并出台了工作实施方案，但是不同地区不同小区居民参与度差距较大。以北京市为例，截至 2021 年，有的社区垃圾分类居民参与度高达 90% 以上，而有的则连 60% 都达不到。生活垃圾分类改变的是公众长期形成的行为习惯，"新时尚"的形成必然需要一定的引领和推动。因此《标准》设置"城市社区垃圾分类居民参与度"指标旨在引导社区广泛普及垃圾分类的重要性，号召更多居民养成分类习惯，提升分类自觉，形成"人人参与、家家分类"的良好氛围。

广州市花都区探索"强硬件、重管理、促养成"的垃圾分类居民自治长效管理机制

根据《广州市生活垃圾分类管理联席会议办公室关于开展"我为人人、人人为我"垃圾分类居民自治试点活动的通知》，花都区选取 3 个小区作为市级垃圾分类居民自治活动试点小区，充分调动和发挥人民群众主体作用和"主人翁"精神，探索建立垃圾分类居民自治机制，打造共建共治共享基层治理格局，推动全区垃圾分类工作再上新水平。

（1）补齐垃圾分类设施强硬件建设

各试点小区因地制宜建设 28 个定时定点的垃圾投放点，配置规范的垃圾分类收集容器。垃圾投放点已完成优化升级，洗手台、擦手纸、洗手液、除臭剂等服务设施功能完备，保洁人员定时清洁消杀与巡查，点位干净整洁，配置彩虹站可回收智能设备，通过人脸识别、微信扫码等方式进行智能回收，让垃圾分类变得更人性化。

（2）加强指导宣传重日常管理

花都区充分发挥社区、基层党组织、物业、志愿者作用，各小区所在社区召开楼栋协商会，建言献策共同谋划，积极推进居民群众自觉参与垃圾分类。建立以社区党委书记为组长的长效管理组织保障体系，使垃圾分类责任一级一级抓，工作逐层逐项落实，分工明确、职责清晰、落实到人，通过社区党支部挂点、社区社工站招募志愿者等方式开展"自治守桶"活动。

（3）加大宣传教育力度促习惯养成

社区利用宣传栏、LED 显示屏、QQ、微信互动平台等渠道进行宣传，并将垃圾分类工作穿插到社区的各项活动中，通过垃圾分类小游戏、"小手拉大手"、道德讲堂等活动，使垃圾分类的观念深入民心；以"守桶 + 督导""动态 + 常态""线上 + 线下"的形式，开展"垃圾分类先进家庭"评

选活动、"影响一个家庭 21 天养成分类习惯、带动一个社区全民分类"等主题活动 4 次，大力宣传垃圾分类，营造浓厚宣传氛围。

全区选取的三个"我为人人、人人为我"垃圾分类居民自治试点小区，共有 2807 户 5577 名居民参与生活垃圾分类居民自治试点活动，垃圾分类知晓率达到 100%，投放准确率达到 90%。垃圾分类居民自治活动被《信息时报》、南粤视窗等 5 家市级以上主流媒体报道（图 8-12、图 8-13）。

图 8-12　秀全街花港社区召开垃圾分类"居民自治"模式座谈会

图 8-13　秀全街花港社区"秀全大妈"艺术馆开展垃圾分类宣传活动

资料来源：中国城市建设研究院有限公司、广州市花都区城市管理和综合执法局

8.3　共享：资源与服务开放共享

共享是"以人民为中心"的理念在社区发展中的基本体现，共享不仅意味着公园城市建设成果共享，更表现为公众对建设成果的满意程度。面对公众越来越多元化的需求，要不断提供共享的资源和空间，彰显公园城市的生态价值、生活价值、景观价值、文化价值、发展价值和社会价值，最终实现宜居、宜学、宜养、宜业、宜游的公园城市美好愿景。

8.3.1　公众满意度提升是公园城市建设的初心

让老百姓满意、让老百姓感到幸福与满足是公园城市建设的出发点和落脚点，因此要全过程贯彻民本理念，既要问计于民、问需于民，又要让老百姓切实参与，提升老百姓参与意识、主人翁意识。将"以人为本"作为公园城市建设的出发点和落脚点，就要将公众满意度作为衡量工作水平的重要依据，应将公共服务、公共资源、公共福利等均等化以及城市安全等各类满意度纳入政府和有关单位的绩效考核内容。《标准》主要从文化和体育设施、公园绿地、城市安全和城市公共空间等方面对公园城市建设的共享情况进行评价，通过评价更好地指导城市有针对性地进行提升，增强公众的获得感和幸福感。

全国各省公众希望公园绿地提升情况

根据 2018 年住房和城乡建设部在全国范围内组织开展的《全国城市公园调查问卷》结果，结合对北京、上海、徐州等城市的实地调研及相关研究发现，一方面，公园基础设施陈旧、配套服务设施不足、养护管理水平不高等问题依然普遍存在；另一方面，不同类型、不同年龄段群体对公园绿地的服务、设施等也提出了不同的需求。为更好地满足公众的多元需求，迫切需要使用更多能够量化评估公园绿地综合服务能力的方法手段，以提升公园绿地服务的精准度，真正落实"以人为本"的发展理念（图 8-14）。

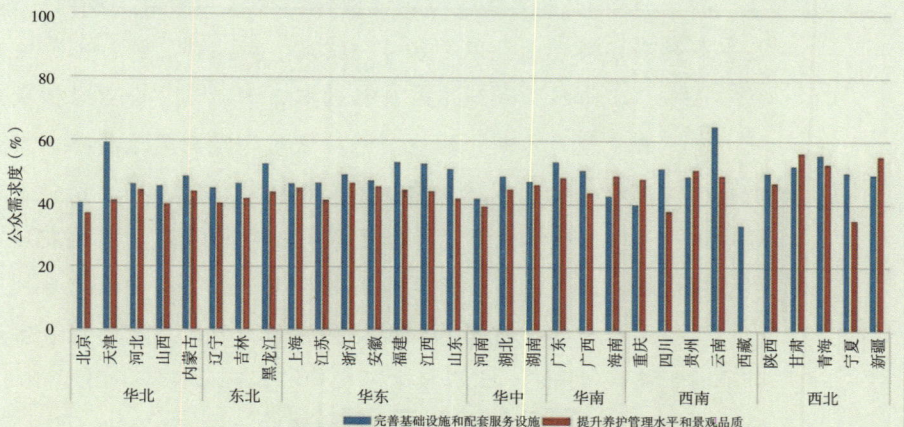

图 8-14　全国各省公众希望公园绿地提升情况（截至 2018 年）

数据来源：2018 年住房和城乡建设部《全国城市公园调查问卷》

8.3.2 公共资源开放共享

不断提升公园免费开放率。公园是全民普惠的绿色福利，实现公园免费开放是体现公园公益性和服务性的重要标志，也是公园回归本质属性的必然。《标准》设置"公园免费开放率"指标的主要目的是保障公园的公益性，同时也便于评价公园免费开放后养护维护情况，更好地保障公园为民服务的公益属性。在公园免费开放的基础上，要注重完善配套服务设施，精心组织各类活动，丰富老百姓的业余生活，提升公园活力。

提升公共服务设施开放共享。2015 年开始，浙江、江苏、安徽、山东、河南、内蒙古等省（自治区）陆续制定了公共体育场馆设施向社会开放的实施办法或颁布了相关政策文件，公园城市建设中，各地城市应切实加强设施建设和服务管理，逐步提升文化和体育设施免费共享率，包括就近共享、错峰共享和全社会公开共享。从长远来看，更应注重以绿色空间为基础性前置性规划要素，因地制宜、就近配置并有序建设公共服务设施、公共休闲设施、商业服务设施和居民住宅等，打造美丽宜居环境，提升服务覆盖率和资源利用效率，促进城市高效发展。

柳州打造"紫荆花城"城市名片及花事活动

柳州市依托得天独厚的环境条件，秉承"创新、协调、绿色、开放、共享"的新发展理念，以"扩量、提质、树品牌、创特色"为原则打造了公园城市，城市绿化景观不断提档升级，彰显了"全市绿树成荫、常年景观丰富、四季花开不断"的城市景观效果。特别是这些年春季全城"洋紫荆"惊艳绽放的大气震撼景象，市民群众幸福感爆棚，吸引了众多主流权威媒体争相报道和成千上万游客慕名来柳观花赏景，"紫荆花城"已成为柳州继螺蛳粉、五菱汽车、柳州奇石之后又一张亮丽的城市名片！定期举办的"春花秋水·画卷柳州"大型花卉展和各公园打造的花事活动，更是吸引了国家级媒体报道，吸引数十万中外游客前来观赏（图 8-15）。

（1）建设"紫荆花城"，打造柳州名片

通过近 10 年时间，在全市主要街道、公园、游园种植"洋紫荆"约 28 万株，同时不断研究培育出不同花色、不同高度的"洋紫荆"品种，增加观赏性，做大做强"洋紫荆"产业，全力打造"紫荆花城"城市名片。现如今，近28万株柳州市花"洋紫荆"组成的紫荆花海，是我国极为少有的大规模城市花海，是一张足以代表柳州美景的城市名片。

图8-15　柳州市民在紫荆花海中拍照留影

（2）举办"春花秋水·画卷柳州"大型花卉展，打造城市文化活动品牌

从2017年至今，结合当年的重大节庆和重要活动，每年举办柳州市"春花秋水·画卷柳州"大型花卉展，烘托节日气氛，展示城市建设成果，丰富市民的文化娱乐生活，并将之打造成柳州市一个极具影响力的文化盛事活动品牌。花展除市林业和园林局下属单位参加展示，还邀请兄弟城市、新区管委会、企事业单位等共同参展，在提升花卉展品质的同时，宣传企事业单位的优良形象。每届展出面积约40000m²，展出花卉20多万盆，效果显著，区级和市级各大媒体争相报道，成功吸引约60万中外游客前来观赏，并通过新媒体，以官方与市民的短视频形式，实现全民共享，使花卉展得到进一步推广，深受好评。尤其是中华人民共和国成立70周年大型花卉展，更有央视现场直播，极大地提高了城市影响力和市民的幸福感（图8-16）。

图8-16　中华人民共和国成立70周年柳州市大型花卉展

（3）开展花事活动，丰富市民文化生活

结合地理气候条件及各个公园的自身文化底蕴和景观特色，开展以"一园一品"为主的城市花事活动工程，打造花事文化品牌，形成市民赏花月历，不断提升市民幸福感。如园博园的春、夏、冬三季花海及盛夏水生花卉展，雀儿山公园四季花海景区以金鱼草、柳叶马鞭草、醉蝶花为特色的节庆花事活动，都乐公园春节百合花事活动，柳侯公园结合百年文化历史举办的传统花卉展等，为广大市民营造一年四季百花争艳的花潮盛宴景观，吸引区内外游客共襄盛举。在展示花卉的同时，加大宣传力度，并配合开展科普教育、科普体验等活动，增加市民的参与性和互动性，不断提高市民的认可度和满意度（图8-17）。

图8-17　柳州市民参与柳叶马鞭草特色节庆花事活动

资料来源：柳州市林业和园林局

结　语

　　"十四五"时期是我国由全面建成小康社会向基本实现社会主义现代化迈进的关键时期，"两个一百年"奋斗目标的历史交汇期，也是全面开启社会主义现代化强国建设新征程的重要机遇期。生态文明写入《中华人民共和国宪法》，标志着我国步入了生态文明建设和绿色高质量发展的新阶段。城市高质量可持续发展的新模式、人民群众对于高品质生活的新需求为各行各业的发展创造了新的契机，同时，"多规合一"的现实背景、存量更新的大趋势、"双碳"目标的新要求等也带来了新的挑战，传统的城市建设理念和方法根本无法解决日益复杂的城市问题。面对新的机遇和挑战，城市的建设者、管理者们迫切需要打破传统桎梏，与时俱进，拓宽视野，转变理念，才能从容应对时代的大变局。在此背景下，以"公园城市"为代表的新发展模式充分反映了人民性、公平性的时代特征，绿色、低碳、循环、高质量可持续的发展模式已成为破解城乡发展困境的必然选择。

　　公园城市以保护和修复城市生态环境、提升宜居品质、缓解"城市病"、提高城市安全韧性、突出城市个性特色、提升人民群众的获得感、幸福感、安全感为目标，将中央的五大发展新理念变为城市建设发展的实践指引，是贯彻落实美丽中国和生态文明建设的集中体现，也是推动城市实现高质量、可持续发展的新型范式。《标准》的制定，既是适应各地越来越强烈的公园城市规划建设实践的需要，也是贯彻落实习近平总书记公园城市新理念的实践探索，为各地因地制宜、规范有序推进公园城市建设提供了标准依据。

　　本书不只是《标准》的解读，更是对近年来公园城市研究成果全面系统的梳理总结，凝结了编写组乃至中国风景园林行业的集体智慧，期望本书让城市的建设者、管理者更好地理解"公园城市"的科学内涵、基本特征，以及建设公园城市的创新转变、重点目标及实现路径，并通过咸宁、成都、南昌、柳州等已开展的公园城市建设实践探索案例，对公园城市建设的目标和愿景有更直观的感受。同时，也能更深刻地体会到《标准》编制目的并不是设置"天花板"，而是为各地提供一把"尺子"，各城市可以通过统计达标指标数量了解自身在各方面建设的水平，通过评价来合理确定自身的努力目标及工作时序安排，还可以参照评价结果和本书提供的大量案例来进行纵向与横向比对，从而对公园城市建设推进的目标、进程等更能心中有数。

实践是检验真理的唯一标准，《标准》在实际应用的过程中，可能会面临很多的不确定性，我们将继续深化理论研究和实践探索，结合《标准》在各地公园城市建设中的贯彻实施不断修订完善，使其成为公园城市建设规划和实施方案制定、实施成效评估与实施路径调整完善等的理论与技术支撑，为各地建设高质量可持续发展的现代化城市、打造美丽宜居魅力家园提供决策依据与方法指引。欢迎各地的城市建设者、管理者们结合自己的实践经验多多提出宝贵意见和建议，积极提供优秀的经验做法，不断丰富公园城市的内涵和外延。也期待在《标准》指引下，每一座城市都能建设成为宜居宜业宜学宜养宜游的美丽家园，成为老百姓心目中的梦想家园。

参考文献

[1] 蔡文婷，王钰，陈艳，等.团体标准《公园城市评价标准》的编制思考 [J]. 中国园林，2021，37（8）：29-33.

[2] 王香春，蔡文婷.公园城市，具象的美丽中国魅力家园 [J]. 中国园林，2018，34（10）：22-25.

[3] 蔡文婷，王香春，陈艳.公共健康导向的城市公园体系构建思考 [J]. 城乡建设，2020（8）：33-37.

[4] 王香春，蔡文婷.公园城市，具象的美丽中国魅力家园 [J]. 中国园林，2018（10）：22-25.

[5] 王香春，王瑞琦，蔡文婷.公园城市建设探讨 [J]. 城市发展研究，2020，27（9）：19-24.

[6] 王香春，王钰，陈艳，等.高质量可持续发展理念下公园城市建设探索 [J]. 江苏建筑，2021（2）：1-4.

[7] 蔡文婷，陈艳，伏凯，等.基于文献计量分析的中国城市园林绿化垃圾资源化处理利用研究 [J]. 园林，2021，38（8）：54-62.

[8] 陈艳，王香春，蔡文婷，等.园林垃圾资源化处理技术研究进展——基于 Citespace 和 VOSViewer 知识图谱分析 [J]. 环境卫生工程，2021，29（2）：22-34.

[9] 袁琳.城市地区公园体系与人民福祉——"公园城市"的思考 [J]. 中国园林，2018，34（10）：39-44.

[10] 范炜，金云峰.绿地服务范围均衡模型研究——紧凑型城区的绿地布局结构修补 [C]//中国风景园林学会.中国风景园林学会 2017

年会论文集.北京：中国建筑工业出版社，2017.

[11] 邢露华.郑州市公园绿地的均衡性评价与调控策略研究 [D]. 郑州：河南农业大学，2020.

[12] 喻本德，叶有华，吴国昭，等.绿道网规划建设与管理进展分析 [J]. 生态环境学报，2013，22（8）：1444-1450.

[13] 仇保兴."绿道"为生态文明领航 [J]. 风景园林，2012，000（3）：24-29.

[14] 王淳淳，金云峰，徐森.中国绿道规划建设实践——从提级统筹到制度并轨 [J]. 风景园林，2022，29（1）：82-87.

[15] 赵海春，王靛，强维，等.国内外绿道研究进展评述及展望 [J]. 规划师，2016，32（3）：135-141.

[16] 王世福，刘联璧.从廊道到全域——绿色城市设计引领下的城乡蓝绿空间网络构建 [J]. 风景园林，2021，28（8）：45-50.

[17] 张炜，刘晓明.武汉市蓝绿基础设施调节和支持服务价值评估研究 [J]. 中国园林，2019，35（10）：51-56.

[18] 王忠杰，吴岩，景泽宇.公园化城，场景营城——"公园城市"建设模式的新思考 [J]. 中国园林，2021，37（S01）：7-11.

[19] 吴丽云，高珊，阎芷歆.美国"公园 +"利用模式的启示 [J]. 环境经济，2021（5）：62-65.

[20] 付瑞红.国家文化公园建设的"文化 +"产业融合政策创新研究 [J]. 经济问题，2021，500（4）：56-62.

[21] 陈茜，杨潇．成都市基本公共服务圈规划探索 [J]. 城市规划，2013（8）：89-92.

[22] 周碧茹．基于生活圈的城市社区公共服务设施布局优化研究——以苏州市高新区为例 [D]. 苏州：苏州科技大学，2018.

[23] 王法辉，戴特奇．公共资源公平配置的规划方法与实践 [J]. 城市与区域规划研究，2020，12（2）：28-40.

[24] 冯灿芳．全年龄共享型宜居规划策略——以汉中市为例 [C]// 中国城市规划学会．持续发展理性规划：2017 中国城市规划年会论文集．北京：中国建筑工业出版社，2017.

[25] 熊文，阎伟标，刘丙乾，等．人本、健康、智慧——青岛市即墨区步行与非机动车交通规划研究 [J]. 城市交通，2019，17（6）：100-110.

[26] 陈朝晖，李保炜，刘巍，等．京张铁路遗址公园——探索共建共治共享之路 [J]. 世界建筑，2020（7）：17-21.

图书在版编目（CIP）数据

公园城市建设标准研究 / 王香春，蔡文婷主编 .—
北京：中国城市出版社，2023.10
（新时代公园城市建设探索与实践系列丛书）
ISBN 978-7-5074-3643-3

Ⅰ.①公…　Ⅱ.①王…②蔡…　Ⅲ.①城市建设—标
准—研究—中国　Ⅳ.① F299.21

中国国家版本馆 CIP 数据核字（2023）第 157371 号

　　本书基于已发布的《公园城市评价标准》T/CHSLA 50008—2021，系统介绍了《公园城市评价标准》的编制背景、目的意义、基本思路和主要内容，并以理论研究与实践案例相结合的形式，阐述公园城市建设的理念逻辑、基本原则、重点内容和实施路径，希望为各地城市决策管理者和技术管理人员提供公园城市的理论支持、目标指引和经验借鉴，明确公园城市发展方向，引导公园城市的规划者、建设者、管理者基于标准指引，贯彻落实生态文明建设要求，践行以人为本、绿色发展的理念，量力而行、久久为功，切实打造"人、城、园（大自然）"和谐共生、永续发展的美好家园。

丛书策划：李　杰　王香春
责任编辑：葛又畅　李　杰
书籍设计：张悟静
责任校对：芦欣甜

新时代公园城市建设探索与实践系列丛书
公园城市建设标准研究
王香春　蔡文婷　主编

*
中国城市出版社出版、发行（北京海淀三里河路 9 号）
各地新华书店、建筑书店经销
北京雅盈中佳图文设计公司制版
建工社（河北）印刷有限公司印刷
*
开本：787 毫米 ×1092 毫米　1/16　印张：$14\frac{1}{4}$　字数：239 千字
2023 年 12 月第一版　2023 年 12 月第一次印刷
定价：**149.00 元**
ISBN 978-7-5074-3643-3
　　（904650）